FRAUEN
GRUND

INVICTICON

Originalausgabe, erschienen 2022
2. überarbeitete Auflage

ISBN: 978-3-96937-066-7

Copyright © 2022 LEGIONARION Verlag, Steina
www.legionarion.de

Text © Thomas Bäumler

Coverdesign: © Marta Jakubowska, LEGIONARION Verlag
Umschlagmotiv: © shutterstock 1568288515 / 74393209

Druck: Eisermann Media GmbH

Das Werk, einschließlich seiner Teile, ist urheberrechtlich geschützt.
Jede Verwertung ist ohne Zustimmung des Verlages unzulässig.
Dies gilt insbesondere für elektronische oder sonstige Vervielfältigungen,
Übersetzungen, Verbreitung und öffentliche Zugänglichmachung.

Bibliografische Information der Deutschen Nationalbibliothek:
Die Deutsche Nationalbibliothek verzeichnet diese Publikation in der
Deutschen Nationalbibliografie;
detaillierte bibliografische Daten sind im Internet über
http://dnb.d-nb.de abrufbar.

**Die Handlung, die handelnden Personen, Orte und Begebenheiten dieses
Buchs sind frei erfunden.
Jede Ähnlichkeit mit toten oder lebenden Personen oder Persönlichkeiten
des öffentlichen Lebens, ebenso wie ihre Handlungen sind rein fiktiv,
nicht beabsichtigt und wären rein zufällig.**

©LEGIONARION Verlag, Steina
Alle Rechte vorbehalten
http://www.legionarion.de
Der LEGIONARION Verlag ist ein Imprint der Invicticon GmbH

THOMAS BÄUMLER

FRAUEN GRUND

DAS BUCH

Leben schenken und Leben nehmen.

Gerti ist am Ende ihrer Kräfte. Ihr Freund hat mit ihr Schluss gemacht, weil eine Abtreibung für sie nicht in Frage kommt. Auf Kommilitone Max ist jedoch Verlass und somit zieht sie in seine Studenten-WG ein. Journalistenstudium, Schwangerschaft, neue Bekannte und dann passiert noch das: Ein Mitbewohner der WG wird in Rom getötet.

Gerti recherchiert und ihre Forschungen bringen sie an die Ufer des Tiber. Währenddessen werden in Italien immer mehr ausländische Mordopfer gefunden, die alle eins gemeinsam haben: Vor ihrem Tod wurden sie grausam gefoltert.

Commisario Fabrese, der die Ermittlungen leitet, tappt im Dunkeln. Da kommt für ihn die Hilfe der deutschen Journalistin genau richtig. Ein Fall, der sich weit ins Darknet zieht und ein Netzwerk dunkler Machenschaften verbirgt. Eine gefährliche Situation für Gerti und das Kind in ihrem Bauch.

DER AUTOR

THOMAS BÄUMLER wurde 1961 in Neustadt an der Waldnaab in der nördlichen Oberpfalz unweit der tschechischen Grenze geboren. Nach seinem Medizinstudium in Erlangen arbeitete er zunächst als Frauenarzt an Kliniken in der Schweiz und Nordbayern. Seit 1994 führt er gemeinsam mit einem Kollegen eine frauenärztliche Gemeinschaftspraxis mit Schwerpunkt Brustdiagnostik. Er ist verheiratet, Vater von zwei Söhnen und wohnt nach wie vor in der nördlichen Oberpfalz. Neben seinem Beruf beschäftigt er sich intensiv mit Heimatarchäologie, Schwerpunkt Steinzeit. Zu diesem Thema wurden vom ihm bereits mehrere Aufsätze veröffentlicht.

Für Adrian, Julian und Annette,
nichts Besseres unter der Sonne

Flieg Käfer flieg,

die Menschen sind im Krieg,

die Kinder sind im Märchenland,

Märchenland ist abgebrannt,

flieg Käfer flieg.

KAPITEL 1

DAS KIND

ÜBER DEN EINTRITT DES UNERWARTETEN

SEPTEMBER 1996

Das Mädchen I

FEUCHT WAR ES im Keller, dunkel und kalt. In regelmäßigen Abständen fielen Tropfen von der Decke und ploppten mit hellem Klang, der von den kahlen Wänden widerhallte, auf den nackten Betonfußboden. In der dunkelsten Ecke des nahezu quadratischen, nur von einer flackernden Glühbirne schwach erhellten Raumes kauerte ein elfjähriges Mädchen, das mit einem vor Schmutz starrenden, ehemals wohl weißen T-Shirt und einer schäbigen, roten Trainingshose bekleidet war. Es saß auf einer verschlissenen, durchnässten Matratze. Um den linken Fußknöchel war eine Handschelle geschlossen, deren zweite Schelle an einer rostigen Eisenkette befestigt war, die wiederum an einem in die Wand eingelassenen Eisenring endete.

Aus den Augenwinkeln beobachtete das Mädchen still und fast zögerlich, als wollte es sich vergewissern, dass das, was es sah, auch wirklich real war, einen Mann, der reglos in der gegenüberliegenden Ecke des Raumes auf dem Rücken lag und leise röchelte, während ihm Speichel vermischt mit Blut in dünnen zähen Fäden quälend langsam aus dem halb geöffneten Mund troff. In seiner Brust stak wie die Karikatur eines Phallus ein großer, angerosteter Nagel mit rundlich verdicktem Kopf. Rund um den braunfleckigen Nagel zeichnete sich auf dem grünen Shirt des Mannes ein kleiner Blutfleck ab, der sich wie eine wandernde rote Amöbe langsam aber stetig vergrößerte. Die Jeans und die Unterhose des Mannes waren bis zu den Knien hintergeschoben. Das schlaffe Glied hing ihm auf merkwürdige Weise deplatziert zwischen den schwarz behaarten Oberschenkeln, erst kurz vorher hatte er Urin und Stuhl abgesetzt. In einer letzten *schwachen Bewegung versuchte der Mann sich aufzurichten, bevor er endgültig aufgebend in sich zusammensackte und mit einem gurgelnden Laut auf den Lippen starb.*

»Papa?«, sagte das Mädchen mit dünner Stimme.

FRÜHJAHR 2015

Gerti

Gerti Zimmermann war, obwohl sich vor wenigen Minuten ihr Leben grundlegend geändert hatte, auf eine besondere, unbeschreibliche Art glücklich. Es war ein Gefühl des Glücks, wie man es schlecht in Worte fassen kann, ein Gemisch aus Vorfreude, ängstlicher Zuversicht und kribbelnder Neugierde auf das Unbekannte, das vor ihr lag. Eine Art von Glück, wie man es am ehesten noch hinter dem Brustbein verspürt, in der Nähe des Herzens oder auch in der Magengrube. Ein kostbares, unvergleichliches Gefühl war es, das zu verspüren einem Menschen nur in ganz seltenen Momenten gegeben ist.

Gerti war jetzt vierundzwanzig Jahre alt und kurz davor, ihr Studium der Medien- und Werbepsychologie an der Fachhochschule für Journalismus und Medien in München abzuschließen. Das Geld für ihr Studium und ihren Lebensunterhalt hatte sie, sah man einmal von den monatlichen Zuwendungen ihrer Eltern ab, die jedoch so hoch nicht ausfielen, da ihr Vater noch nie zu den Großverdienern gezählt hatte und mittlerweile in Rente war, durch Kellnern in einer der angesagten Szenebars Schwabings, dem »Grotesk«, verdient. Nebenbei hatte sie zahlreiche Zeitungsartikel verfasst, die sich vorwiegend mit ungelösten bayerischen Kriminalfällen aus den letzten Jahrzehnten beschäftigten. Diese hatte sie für ein zugegebenermaßen nicht allzu üppiges Honorar an verschiedene Tageszeitungen verkauft, die sie dann in ihren Wochenendausgaben veröffentlichten. Doch sie kam über die Runden und war zufrieden, schließlich hatte all das einen positiven Nebeneffekt, denn so blieb sie immerhin in der Übung für eine spätere berufliche Tätigkeit im journalistischen Metier. Zu ihrem früheren Arbeitgeber, dem »Oberpfälzer Heimatblatt«, hatte sie seit der Geschichte um den Mordfall Prälat Hornberger keinen Kontakt mehr. Seinerzeit war sie sehr enttäuscht darüber gewesen, dass man ihre Rechercheergebnisse derart ignoriert hatte und dem Missbrauchsopfer Josef zumindest von dieser Seite keine Gerechtigkeit zu Teil geworden war.

Beschwingt hatte sie soeben die Praxis ihres Arztes Dr. Staudigl verlassen und war voller Vorfreude durch die von verheißungsvollen Düften geschwängerte laue Maienluft ins nahe gelegene Café »Sorgenfrei« geeilt. Dort wollte sie ihrem Freund, dem sie vor wenigen Augenblicken eine SMS mit geheimnisvollen Andeutungen geschickt hatte, bei einer Tasse Cappuccino die erfreuliche Neuigkeit mitteilen.

Gerti war eine hübsche, braunhaarige, etwas untersetzte junge Frau, die als mollig zu bezeichnen jedoch schon übertrieben gewesen wäre. In ihrem offenen, freundlichen Gesicht blickten die großen, runden, braunen Augen immer etwas spöttisch in die Welt. Sie hatte schon von Kindesbeinen an einen ausgeprägten Gerechtigkeitssinn, eine ziemlich direkte, unverblümte Art und das, was man einen Dickkopf nennen würde. Eine Mischung aus Oberpfälzer Sturheit und erheblichem Eigensinn – ein Zug ihres Wesens, mit dem andere gelegentlich weniger, sie selbst aber ganz gut leben konnte. Die Leute mussten sie halt nehmen, wie sie war, und wer das nicht konnte, nun, der war eben selbst schuld. Diplomatie jedenfalls war nicht ihre Sache und auch noch nie gewesen. Sie pflegte sich auffallend bunt zu kleiden, was ihr jedoch gut zu Gesichte stand. Ihre Haare trug sie kurz und ihre Stupsnase zierten einige Sommersprossen. Vor noch nicht allzu langer Zeit hatte sie sich ein kleines Tattoo am rechten Oberarm gegönnt, ihre Initialen GZ in altertümlicher Schrift ineinander verschlungen.

Gertis Monatsblutung war schon ein paar Wochen lang ausgeblieben. Ein Umstand, der ihr bis zum gestrigen Morgen, als ihr urplötzlich übel geworden war, kein sonderliches Kopfzerbrechen bereitet hatte. Dies war trotz Pille ab und an einmal vorgekommen. Aber schwanger zu werden hatte ganz eindeutig nicht auf ihrer Wunschliste gestanden. Jedoch, es gab keinen Zweifel, ein Blick auf den Ultraschallmonitor zeigte, dass sie sich bereits in der ungefähr zehnten Schwangerschaftswoche befinden musste.

»Das kann doch eigentlich gar nicht sein, ich habe doch die Pille genommen?« Gerti war im ersten Moment regelrecht geschockt und sah ihren Frauenarzt mit vor Verblüffung weit aufgerissenen Augen ungläubig an.

»Na ja, möglich ist das schon. Pillenversager sehen wir in der Praxis immer wieder. Haben sie denn vor zwei bis drei Monaten einmal Durchfall gehabt?«

Gerti nickte. Tatsächlich hatte sie vor einiger Zeit eine heftige Darmgrippe erwischt.

»Na, da haben wir ja die Ursache«, meinte Dr. Staudigl lakonisch. »Lassen sie ab heute bitte die Pille unbedingt weg, auch wenn nicht zu erwarten ist, dass sie ihrem Kind bis jetzt geschadet hat.«

Als sie dann ihr Kind am Ultraschallmonitor in all seiner kleinen Lebendigkeit hatte genau beobachten können, war es ganz um Gertis Fassung geschehen. Gerade zwei Zentimeter war es lang, es bewegte sich bereits ganz zart, mit feinen, hüpfenden, ja fast schluckaufartigen Bewegungen und hatte von der Form her verblüffende Ähnlichkeit mit einem Gummibärchen. Sogar das winzige Herz konnte sie schon schlagen sehen. Auf die Welt kommen sollte das Kind um den 18. Dezember herum, zumindest hatte Dr. Staudigl ihr das so ausgerechnet. Kurz vor Weihnachten, was für ein Christkindl! Gerti hatte das kleine Würmchen sofort fest in ihr Herz geschlossen.

Zehn Minuten hatte Gerti im Café gewartet, einen entkoffeinierten Cappuccino vor sich, als sich schließlich auch ihr Freund Erik dazu gesellte und mit fragendem Blick neben ihr Platz genommen hatte. Er trug die Uniform eines Polizeimeisters, die sie an ihm so liebte. Nach seinem Abitur in Weiden hatte er sich für den Polizeidienst beworben und war nach Bestehen der Einstellungsprüfungen auch prompt übernommen worden. Jetzt, nach der Ausbildung, hatte er, wie so viele seiner Berufsanfängerkollegen aus ganz Bayern, seine erste Stelle in München antreten müssen, wo er Streifendienst zu schieben hatte. Erik war ein attraktiver, mittelgroßer Mann mit sportlich durchtrainiertem Körper und brauner Kurzhaarfrisur. Seine eng stehenden dunklen Augen verliehen seinem Blick etwas Stechendes, Intensives. Er und Gerti waren seit sechs Jahren zusammen, sie hatten sich noch als Schüler am Gymnasium kennen und lieben gelernt und lebten schon seit Jahren, zunächst in ihrer Oberpfälzer Heimat, danach, seit dem Umzug, in München in einer gemeinsamen Wohnung zusammen.

»Na Gerti, was gibt's denn Dringendes?« Sein Ton hatte etwas Unwirsches an sich. Er liebte es neuerdings nicht mehr, während seines Dienstes von Privatem gestört zu werden.

Gerti nahm sanft seine rechte Hand in die ihre.

»Du, Erik, Weihnachten sind wir zu dritt.«

»Wie zu dritt?«

»Na, ich bin schwanger.«

»Willst du mich verarschen?«

Abrupt zog Erik seine Hand zurück, die zuvor in der ihren gelegen hatte, und verschränkte abwehrend die Arme vor seiner Brust.

»Das geht momentan überhaupt nicht, Gerti und das weißt du auch! Wir haben uns erst letzte Woche, und das beileibe nicht zum ersten Mal, über dieses Thema unterhalten und waren uns einig, wenigstens noch zwei, drei Jahre mit dem Kinderkriegen zu warten. Wir wollten doch jetzt erst einmal unser Leben genießen und uns eine Existenz aufbauen. Das haben wir so besprochen, kannst du dich nicht mehr daran erinnern?«

Erik sah Gerti direkt in die Augen. Ihr fröstelte vor der Kälte, die sie darin sah.

»Ja, das war deine Meinung, Erik. Mich hast du ja, wenn dieses Thema zur Sprache gekommen ist, nie ausreden lassen. Ich habe schon länger das Gefühl, dass es dich nicht wirklich interessiert, wie ich dazu stehe. Du hast die letzten Monate ohnehin nicht mehr richtig mit mir geredet. Wenn in unserer Beziehung immer alles so läuft, wie du dir das vorstellst, dann bist du zufrieden, aber hast du dich einmal gefragt, wie ich mich dabei fühle? Und im Übrigen bin ich nicht absichtlich schwanger geworden, die Pille hat nicht funktioniert.«

»Komm mir jetzt bloß nicht mit solchem Beziehungskram daher, von wegen nicht mehr miteinander reden und so. Dir hat es bisher doch ganz gut in den Kram gepasst, so wie es war mit uns. Zumindest hast du dich nicht über das Geld beschwert, das ich mit nach Hause gebracht habe. Und du weißt genau so gut wie ich, wie viel ich als Polizeimeister verdiene. Ich möchte jetzt erst mal Karriere machen, bevor ich mich mit Nachwuchs befasse.«

Das tat wirklich weh, dass er ihr mit dem Geld kam, das er verdiente.

»Aber Erik, ich werde doch auch bald mit meinem Studium fertig. Ein bisschen Geld verdiene ich ja jetzt schon mit dazu und meine Eltern würden uns ganz bestimmt finanziell unter die Arme greifen. Wir haben doch ein ganz gutes Verhältnis zu ihnen, die würden sicher nicht ›Nein‹ sagen.«

»Nein, das will ich nicht, das wäre ja noch schöner, uns von deinen Eltern durchfüttern zu lassen! Nicht mit mir, Gerti, nicht mit mir, so etwas kannst du nicht im Ernst von mir erwarten.«

Gerti spürte, wie ihr Tränen in die Augen schossen. Sie schluckte schwer. Ihr Gefühl hatte sie also die letzten Monate nicht betrogen. Erik liebte sie nicht mehr, zumindest nicht so, wie er es einmal getan hatte. Ja, sie hatte sogar seit ein paar Wochen den Verdacht gehabt, er würde sie mit einer anderen Frau betrügen. Zumindest war er ungewöhnlich oft aus »dienstlichen Gründen« noch unterwegs gewesen, wenn er eigentlich schon Dienstschluss gehabt hätte. Einmal hatte sie sogar gemeint, ein fremdes Damenparfüm an seinem Hemd zu riechen. Danach fragen hatte sie ihn nicht wollen. Vielleicht hatte sie sich auch vor der Antwort gefürchtet.

»Gerti, jetzt schau nicht so geschmerzt. Du kennst meine Meinung dazu. Ich denke, es ist das Beste, wenn du es wegmachen lässt, falls es nicht schon zu spät ist, was ich aber nicht annehme. In ein paar Jahren können wir uns dann über Kinder unterhalten, aber jetzt geht es nun mal gar nicht. Wenn du das nicht akzeptieren kannst, dann war es das mit uns eben!«

Erik hatte die letzten Sätze mit Nachdruck gesagt und es dabei vermieden, Gerti in die Augen zu sehen.

»Erik, das kann ich nicht, ich kann's einfach nicht. Ich würde es nicht über mein Herz bringen, das Kind abtreiben zu lassen. Ich habe gesehen, wie sein Herz schlägt und wie es sich bewegt. Tu mir das nicht an!«

Gerti hatte die letzten Sätze ganz leise gesagt und Erik dabei flehentlich anblickt. ›Sag etwas Nettes‹, bettelte es in ihr. ›Sag, dass du dich wenigstens ein kleines bisschen freust. Früher hast du mir doch auch so schöne Dinge gesagt. Sag etwas, sonst wird es zwischen uns nie mehr so sein, wie es war.‹

Sie musste etwas sagen: »Wollen wir uns nicht heute Abend noch einmal in aller Ruhe zusammensetzen und darüber reden? Bitte!«

»Du, Gerti, ich wüsste nicht, was es da noch zu bereden gibt. Meine Einstellung dazu ist klar und du weißt das auch. Ich muss jetzt wieder zurück zum Dienst. Ich werde schon erwartet. Du kannst dir ja einstweilen von deinem Frauenarzt schon eine Adresse für den Abbruch geben lassen und heute Abend gehen wir dann noch einmal die Einzelheiten durch.«

Der Kloß, der sich bei Eriks letzten Worten in Gertis Hals gebildet hatte, wurde immer dicker und eine einsame verzweifelte Träne lief ihr quälend langsam, eine kühle Spur der Verdunstung hinterlassend, die Wange hinunter und tropfte auf ihr grünes Lieblingstop, das sie eigens für den Besuch beim Frauenarzt angezogen hatte.

Erik war indessen aufgestanden, hatte ihr noch einen flüchtigen Kuss auf die Stirn gedrückt und wollte sich mit einem knappen »Dann bis heute Abend« davonmachen, als es aus Gerti herausbrach: »Du hast eine andere!«

Kühl sah Erik sie von oben herab an: »Und wenn schon, daran würde auch eine Schwangerschaft nichts ändern. Bilde dir das ja nicht ein.« Abrupt drehte er sich um und war, noch ehe Gerti etwas darauf antworten konnte, schon davongegangen.

Gerti war es, als hätte ihr jemand den Boden unter den Füßen weggezogen. Als wäre ihr Leben in tausend Splitter zerborsten. Ihr wurde schwindelig, und wenn sie nicht schon auf einem Hocker gesessen hätte, wäre sie jetzt wohl in Ohnmacht gefallen. Schnell stürzte sie den Inhalt von seinem unberührten Glas Wasser hinunter und legte ihre Beine auf den ihr gegenüberstehenden Stuhl, auf dem bis vor wenigen Augenblicken noch Erik gesessen hatte. Sie atmete mehrmals tief durch und wartete, bis der Schwindel vorbei war. Das war es nun also gewesen. Sechs Jahre Beziehung auf einen Schlag beendet. Nun war sie allein mit dem Kind in ihrem Bauch. Dieser Arsch. Das dumpfe Gefühl der letzten Monate, dass etwas nicht in Ordnung war, hatte sie nicht getäuscht. Sie war so bescheuert gewesen. Warum hatte sie nicht auf ihre innere Stimme gehört? Und sie hatte sogar noch mit ihm schlafen müssen, sie Idiotin. Und selbst das war längst nicht mehr das gewesen, was es einmal war. Nein, glücklich war sie in letzter Zeit nicht mehr gewesen. Ihr einziges Problem war, dass sie es nicht hatte wahrhaben wollen.

Gerti winkte die Kellnerin heran, zahlte ihren Kaffee und ging mit betont energischen Schritten, die ihr ein Übermaß an Selbstbeherrschung abverlangten, in Richtung Haltestelle. Während ihr die Tränen die Wangen herabtropften, murmelte sie leise »Na, mein Krümel, wir beide werden das schon schaffen. Irgendwie ... Das wär' ja gelacht.« Dann stieg sie in die soeben eingefahrene Trambahn Richtung Innenstadt.

SEPTEMBER 1996

Das Mädchen II

DIE SACHE MIT dem Mädchen hatte seinerzeit reichlich Staub aufgewirbelt. Als man das Kind neben seinem seit drei Tagen toten Vater gefunden hatte, war es halb verhungert und verdurstet gewesen. Es war nur dem Zufall zu verdanken, dass man das Mädchen überhaupt lebend entdeckt hatte. Wenn sich nicht ein Obdachloser in die Kellerräume des halb fertiggestellten Rohbaus in den Außenbezirken Münchens verirrt hätte, hätte es nach Auskunft der behandelnden Ärzte keinen weiteren Tag überlebt. Der Rohbau selbst stand seit gut einem Jahr leer, da nach der Scheidung der Bauherren der Weiterbau eingestellt worden war.

Für die Medien wurde der Fall dadurch zum gefundenen Fressen, dass der Vater des Kindes nicht nur Besitzer der Bauruine, sondern auch Kriminalhauptkommissar war. Seine Frau war wenige Tage nach der Scheidung verschwunden. Man vermutete, dass sie sich ins Ausland abgesetzt hatte. Selbst umfangreiche Such- und Fahndungsmaßnahmen hatten keinerlei verwertbare Ergebnisse gebracht, sodass diese Annahme als letzte Hypothese übrigblieb, nachdem auch äußerst umfangreiche und intensive Verhöre des Ehemanns keinen Anhalt für dessen Beteiligung an ihrem rätselhaften Verschwinden ergeben hatten. Wenige Tage nach ihrem Verschwinden war aus Mexiko eine Postkarte an ihre Tochter angekommen, in der sie ihr liebe Grüße übermittelte und ihre baldige Rückkehr angekündigt hatte. An der Authentizität der Karte war damals kein Zweifel aufgekommen. Die Entführung des Mädchens war deshalb nicht aufgefallen, weil sie just mit dem Beginn der großen Ferien zusammengefallen war. Fünf Wochen war sie schon in dem Kellerloch eingesperrt gewesen und war, wie sich nach ärztlichen Untersuchungen herausstellte, von ihrem Vater vergewaltigt worden.

Vernehmungen des Kindes hatten ergeben, dass es sich wegen der Übergriffe des Vaters zu seinen Großeltern mütterlicherseits hatte flüchten wollen. Nachdem ihr Vater davon Wind bekommen hatte, wurde sie von diesem verschleppt und im Keller des halb fertigen Hauses, welches noch nicht verkauft worden war, gefangen gehalten. In der dunkelsten Ecke des Kellerverlieses hatte das Mädchen schließlich den Nagel gefunden und am Betonfußboden die Spitze des Nagels durch Reiben geschärft. Als ihr Vater zum wiederholten Male über sie herfiel, stieß sie ihm in ihrer Verzweiflung den Nagel in die Brust.

In den Tagen nach Auffindung des Mädchens hatte man den gesamten Rohbau erneut mit äußerster Gründlichkeit unter die Lupe genommen. Insbesondere hatte man nach Orten gesucht, an denen erst in jüngster Zeit Veränderungen vorgenommen worden waren. Dabei war eine frisch betonierte Stelle unter der Treppe, die in den Keller führte, aufgefallen. Ein Leichensuchhund schlug an und so fand man schließlich, nachdem man den Boden aufgestemmt hatte, die in Plastikplanen gewickelte Leiche der Ehefrau des Polizisten. Sofort wurden Mutmaßungen laut, bei ihrem Verschwinden sei nur deshalb nicht gründlich genug ermittelt worden, weil ihr Mann ein Kollege gewesen war. Die damals zuständige Mordkommission hatte diese Unterstellungen allerdings auf das Entschiedenste dementiert.

Das Mädchen wurde nach dem Vorfall kurzzeitig einer kinder- und jugendpsychologischen Betreuung übergeben. Nachdem man sie für psychisch stabil befunden hatte, lebte sie bis zu ihrem sechzehnten Lebensjahr bei den Eltern ihrer ermordeten Mutter. Diese waren schließlich gezwungen, sie in die Fürsorge einer staatlichen Erziehungsanstalt abzugeben, da die Jugendliche ihre Großeltern völlig überforderte. Der problematische, verhaltensauffällige Teenager durchlief mehrere Programme für schwer erziehbare Jugendliche, darunter auch einen Auslandsaufenthalt in der Nähe von Windhoek in Namibia und erwarb als junge Frau die mittlere Reife. Nach Antritt einer Ausbildung zur Fremdsprachenkorrespondentin, um ihren 20. Geburtstag herum, zog sie aus dem betreuten Wohnprojekt, in dem sie zuletzt gelebt hatte, aus. Nach dem Tod des Großvaters – die Großmutter war schon etwas früher verstorben – trat sie das großelterliche Erbe an. Die Erbschaft verschaffte ihr eine größere Summe Geld, finanzielle Unabhängigkeit und ein kleines Häuschen in einer gut situierten Wohngegend am Stadtrand von München. Dort wohnte sie seither und führte ein unauffälliges und zurückgezogenes Leben.

KAPITEL 2

KOCHELWEG

ÜBER DEN VERSUCH DER NORMALITÄT

SPÄTFRÜHLING 2015 I

Die Fremde

Was für ein beschissener Tag. Einsam und verlassen saß Gerti Zimmermann fröstelnd, trotz der frühlingshaft lauen Temperaturen, auf einer Parkbank am Kleinhessenloher See und heulte Rotz und Wasser. Sie hatte sich wie jede andere Frau in ihrer Situation so sehr gewünscht, der Vater ihres Kindes hätte sie in die Arme genommen, ihr über den Bauch gestreichelt und sich zusammen mit ihr wenigstens ein klein wenig auf das Kind gefreut. War das etwa zu viel verlangt? Stattdessen diese Reaktion. Gerti war zutiefst erschüttert. Sie hätte ihn ja irgendwie verstehen können, wenn es ihm nur um die Schwangerschaft gegangen wäre und er wenigstens ein kleines bisschen einfühlsamer reagiert hätte. Sie waren beide jung, damit hatte er völlig recht. München war teuer und sie selbst hatte sich die kommenden Jahre auch anders vorgestellt. Sie war ja noch nicht einmal mit ihrem Studium fertig. Aber dann das! Einfach abgefertigt, abgelegt wie ein altes, abgetragenes Kleidungsstück. Er hatte nur an sich selbst gedacht und vielleicht noch an die Neue, die er offensichtlich hatte. Dabei war für sie ganz klar, dass sie das Kind niemals würde abtreiben lassen, auch in dieser beschissenen Situation nicht. Dazu liebte sie Kinder einfach zu sehr und mit ihrem Gewissen hätte sie das ohnehin nicht vereinbaren können. Sie urteilte über niemanden, der sich anders entschied als sie, geschweige denn, der sich anders entscheiden musste. Trotzdem kam eine Abtreibung für sie nicht infrage.

Sie spürte, wie zumindest ein Teil ihrer Trauer und ihrer Enttäuschung sich in Wut und Trotz verwandelte. Sie würde das

Kind austragen und sie würde es alleine erziehen. Erik brauchte sie dazu nicht.

»Darf ich Ihnen ein Taschentuch geben? Sie sehen so aus, als könnten Sie eines gebrauchen.«

Eine einfach gekleidete, etwa dreißigjährige zierliche Frau war hinter Gerti an die Bank getreten und reichte ihr mit graziöser Handbewegung ein Papiertaschentuch. Gerti nahm das Tuch dankbar in Empfang und wischte sich die Tränen aus den Augen.

»Wenn sie noch welche brauchen, ich hätte mehr davon in meiner Tasche«, sagte die Fremde mit warmer Stimme und einem besänftigenden Lächeln.

»Danke, das könnte durchaus sein, aber wollen sie sich nicht ein wenig neben mich setzen? Ich könnte jetzt etwas Gesellschaft gebrauchen.«

»Wenn es ihnen nichts ausmacht, gerne, aber ich möchte mich ihnen nicht aufdrängen.«

»Ach wo, es ist ja eh' alles egal.«

»Aber sagen sie doch so etwas nicht! Es gibt kein Problem, für das sich nicht auch eine Lösung findet.« Bei den Worten der Frau musste Gerti erneut an das Kind in ihrem Bauch denken, daran, wie Erik reagiert hatte und es schossen ihr erneut Tränen in die Augen.

»Na, da scheinen sie wohl ein größeres Problem zu haben. Vielleicht hilft es ihnen, wenn sie mir davon erzählen, auch wenn wir uns nicht kennen. Aber nur, wenn sie wollen, ich will mich ihnen keinesfalls aufdrängen«, wiederholte die Fremde und reichte Gerti ein weiteres Taschentuch, während sie ihr mit der rechten Hand sachte von hinten an die rechte Schulter fasste.

»Im Übrigen, ich heiße Birgit Eisner.«

Zögerlich begann Gerti, deren Sache es normalerweise so gar nicht war, mit anderen, und schon überhaupt nicht mit Fremden, über ihre Gefühle zu sprechen, ihrer Banknachbarin von ihrer Schwangerschaft zu erzählen. Von dem Kind in ihrem Bauch, dessen Herz sie schon hatte schlagen sehen. Auch von Eriks harscher Reaktion und von seiner Forderung, es abtreiben zu lassen und dass das für sie nicht infrage käme. Ihr Herz war so überfüllt von Kummer, dass alles hinausmusste. Ihr Herz war ein Milchtopf, der sprudelnd überkochte. Sie brauchte jetzt einfach jemanden, der ihr ein Stück von der Last abnahm, die auf ihrer Seele lag, und sei es nur dadurch, dass diejenige still neben ihr saß und zuhörte.

Die Fremde hörte ihr zu, sie war da und drückte ihr dann und wann fest die Hand. Hin und wieder reichte sie Gerti, die bald schon eine ganze Packung Taschentücher durchgeheult hatte, weitere trockene Tücher, die sie aus ihrer Handtasche fischte. So kam es, dass, bis Gerti mit ihrer Geschichte am Ende war, ein ganzer Haufen nasser, weißer, zerknüllter Taschentücher neben ihr auf der Bank lag.

Die beiden Frauen saßen noch ein paar Minuten schweigend nebeneinander, hielten sich an den Händen und blickten auf den See hinaus, auf dem sich soeben feine abendliche Nebelschwaden gebildet hatten, welche die Enten, die leise quakend in Richtung des gegenüberliegenden Ufers paddelten, verschluckten.

»Ich bin mir sicher, dass sie die richtige Entscheidung getroffen haben. Ich glaube, dass sie das mit dem Kind in jedem Fall auch alleine schaffen werden. Wenn sie mal wieder das Bedürfnis haben, mit jemandem zu reden, gebe ich ihnen meine Handynummer. Natürlich nur, falls es ihnen Recht ist, sie können mich dann zu jeder Zeit anrufen.«

Die Frau, die Gerti in der letzten halben Stunde so vertraut geworden war, als hätten sie sich schon Jahre gekannt, stand auf, umarmte Gerti, die stumm nickte, und steckte ihr einen Zettel mit ihrer Handynummer zu.

Getröstet und mit neu gewonnener Zuversicht im Herzen sah Gerti Birgit Eisner noch lange nach, wie sie mit bedächtigen Schritten den Uferweg entlangging, bis auch sie im dichter werdenden Nebel verschwand.

ROMA IN AUTUNNO 2015 I

Die völlig unbekleidete Leiche eines Mannes Mitte zwanzig schaukelte sacht im glucksenden, brackigen Wasser des Tiber, dort wo der Fluss südwestlich der Engelsbrücke in weitem Bogen die Altstadt Roms umfließt, unweit der Kirche San Giovanni dei Foirentini. Soweit erkennbar hatte der Mann kurzes, dunkelblondes Haar, war relativ hochgewachsen und trug auf der rechten Schulter eine merkwürdige Tätowierung mit einem Wappen und drei ineinander verschlungenen Buchstaben darunter. Der leicht aufgedunsene, fischig weiße Körper bildete einen merkwürdigen Kontrast zum dunkelbraunen, algentrüben Wasser des Flusses, der nach einem allzu heißen Sommer zu einer beinahe stehenden, jauchig-stinkenden Brühe verkommen war.

Commissario Fabrese, der für diesen Bezirk zuständige leitende Mordermittler, stand mit verdrießlicher Miene, eine halb gerauchte Zigarette schief im linken Mundwinkel hängend, auf der schmalen, mit allerlei Unrat verdreckten Treppe, die von der Straße Lungotevere di Sangallo zum Fluss hinunterführte. Er dirigierte mehrere Karabinieri, die von einem kleinen Motorboot aus versuchten, den Körper mit langen Stangen, an denen vorne Eisenhaken befestigt waren, zu bergen. Offensichtlich war der Mann vor seinem Tod gefoltert worden, denn sein Körper war mit Wunden verschiedenster Größe übersät. Um den Hals war ein feiner Stahldraht geschlungen, mit dem das Opfer vermutlich erdrosselt worden war.

»Merda un tedesco«, fluchte der Commissario, als er die schwarz-rot-goldene Flagge im Wappentattoo des Mordopfers erkannte.

†

... tredici giorni piu tardi – dreizehn Tage später

Gerti Zimmermann stand mit ihrem, im leichten, blauen Leinenkleid deutlich sichtbaren Babybauch in der glühenden Herbstsonne Italiens. Vor ihr ein terracottafarbenes Haus mit grünen Fensterläden. Unweit der Piazza Navona in der Altstadt Roms stand sie und fächelte sich mit einem schmalen, broschierten Stadtführer etwas Kühlung zu. »Hotel Millefiori« verkündeten die großen, schwarz umrandeten, olivgrünen Lettern an der Fassade des Gebäudes. Langsam kamen ihr Zweifel, ob es eine gute Idee gewesen war, in ihrem Zustand nach Rom zu fahren, um Licht ins Dunkel des Todes eines Mannes zu bringen, den sie nur flüchtig gekannt hatte. Und das alles nur auf einen vagen Verdacht hin oder vielmehr, wenn sie ganz ehrlich zu sich selbst sein wollte, aus einem Anfall von purer Neugierde heraus und weil ihr trotz ihrer Prüfungsvorbereitungen irgendwie langweilig geworden war.

Sei es, wie es will, dachte sie sich, jetzt bin ich schon einmal da, gab sich einen Ruck und ging mit entschlossenen Schritten auf die grüne Eingangstür des Hotels zu.

Doch auf welch' verschlungenen Wegen war Gerti Zimmermann überhaupt nach Rom gekommen und was war der Grund für die beschwerliche Reise, die sie in fortgeschritten schwangerem Zustand von München bis in die Hauptstadt Italiens geführt hatte?

Um dies zu erklären, muss etwas weiter ausgeholt werden ...

SPÄTFRÜHLING 2015 II

Die WG

Nach Hause in ihre gemeinsame kleine Mietwohnung konnte und wollte Gerti nach den Ereignissen dieses Tages nicht mehr. Ein Zusammentreffen mit Erik würde sie momentan ohnehin nicht verkraften, da war sie sich sicher. Dort schlafen wollte sie schon gar nicht, also beschloss Gerti, mit der U-Bahn zur WG ihres Kommilitonen und guten Freundes Max zu fahren. Vielleicht konnte sie dort für eine Weile unterkommen. Sie musste von all dem erst einmal etwas Abstand gewinnen. Morgen konnte sie sich dann zu ihren Eltern nach Neustadt an der Waldnaab flüchten, die sich dort am Felixberg vor zwanzig Jahren ihren Traum von einem Einfamilienhaus erfüllt hatten und wo sie bis zu ihrem Studium gewohnt hatte.

Seitdem sie sich in den ersten Tagen ihres gemeinsamen Studiums auf einer Einführungsveranstaltung kennengelernt hatten – er hatte zufällig neben ihr gesessen – hatte Max sie aus der Ferne angebetet. Er hatte, nachdem er realisiert hatte, dass sie bereits vergeben war, seine Avancen, die er ihr zunächst gemacht hatte, rasch eingestellt. Dennoch war er ihr ein guter und verlässlicher Freund geblieben, zu dem sie immer kommen konnte, wenn sie freundschaftlichen Rat benötigte oder Dinge zu besprechen hatte, die sie mit Erik nicht hatte bereden wollen. Sie hatte ihm das hoch angerechnet, und obgleich sie im Innersten genau spürte, dass er sie noch immer liebte, ließ er sich das zu keinem Zeitpunkt anmerken und war ihr gegenüber immer ein Gentleman geblieben. Er war einer der wenigen guten Freunde in München. Gerti hatte, und das wurde ihr jetzt erst wieder schmerzlich bewusst, über die Beziehung mit Erik die Pflege von Freundschaften außerhalb ihres gemeinsamen Freundeskreises in den letzten Jahren sträflich vernachlässigt.

Max war ein großgewachsener, schlaksiger junger Mann, dessen Bewegungen immer etwas unbeholfen und hölzern wirkten. Er hatte dunkelblondes Haar, welches ihm in wilden unbändigen Locken bis auf die Schultern fiel und graublaue Augen. Sein Gesicht war kantig, mit markanten Zügen, kräftigem Kinn und leicht gebogener, schlanker Nase. Er entstammte einer mittelfränkischen Hopfen- und Kartoffelbauerndynastie aus einem idyllischen kleinen Dorf in der Nähe des fränkischen Seenlandes. Max war der Typ sensibler Künstler, ein eher stiller Zeitgenosse, der es bevorzugte, zu Hause an seinen Skizzen zu arbeiten – er zeichnete leidenschaftlich gern – als abends fortzugehen und den üblichen studentischen Vergnügungen zu frönen. Sein Traum war es, in der Kulturredaktion einer großen Zeitung zu arbeiten. Er wohnte zu einem unschlagbar günstigen Mietpreis mit drei weiteren männlichen Mitbewohnern und einer Medizinstudentin in einem Dorf am Rande Münchens in einem kleinen Nachkriegshäuschen, das einer alten Dame gehörte, die in ein Altersheim in der Nähe ihres ehemaligen Hauses umgezogen war. Bedingung für den günstigen Preis war es, dass die Bewohner das Häuschen in Schuss hielten und die alte Dame gelegentlich auf ein Schwätzchen zum Kaffee einluden, was sie auch gerne taten, denn die Dame war eine unterhaltsame Zeitgenossin, die in ihrem Leben schon viel erlebt hatte und diese Erlebnisse lebendig und anschaulich zu schildern wusste. Zudem war sie eine leidenschaftliche Kuchenbäckerin und brachte zu diesen Kaffeekränzchen immer selbst gebackene Kuchen oder Torten mit.

Als Gerti die U-Bahn an der Endstation verließ und die zehn Minuten Fußweg zu Max' Domizil hinter sich gebracht hatte, war es bereits dunkel. Von der Hauptstraße bog sie in den unscheinbaren, schmalen Weg ab, der zur WG führte und stand nach fünfzig weiteren Metern vor dem kleinen, etwas verfallen wirkenden Haus. Das Bild des Hauses mit seinem Vorgarten, in dem verwilderte Obstbäume standen, hatte einen rustikalen Charme. Ein weiß emailliertes Metallschild, das schief am Maschendrahtzaun baumelte, verkündete die Adresse Kochelweg 4. Nachdem Gerti die in ihren rostigen Angeln quietschende Metallgartentür geöffnet hatte, folgte sie dem schmalen, von zerzausten Stauden und verwitterten alten Rosenbüschen gesäumten, mit altersschwachen, bröckelnden Solnhofener Kalksteinplatten belegten Gartenweg zum, im rückwärtigen Teil des Hauses gelegenen Eingang. Dieser führte zunächst in eine Art von Wintergarten, der aus altmodischen Glasbausteinen errichtet und mit Glasplatten überdacht war.

Sie hatte Glück, dass Max zu Hause war und nun verwundert vor ihr stand.

»Du Max, das ist mir jetzt oberpeinlich, dass ich dich störe, aber ich brauche deine Hilfe. Ich bin echt in Schwierigkeiten und weiß nicht recht wohin.«

»Gott was ist denn mit dir los Gerti? So kenne ich dich gar nicht. Na, komm' mal mit hoch auf mein Zimmer und erzähl mir alles ganz genau.«

Mit besorgter Miene geleitete Max sie durch den kleinen Wintergarten, der von den Bewohnern als gemeinsames Ess- und Wohnzimmer genutzt wurde und der trotz der einfachen Einrichtung – eigentlich waren es nur sechs Stühle, ein Telefonbänkchen und ein Tisch – einen unwiderstehlichen Charme ausstrahlte, hinein in einen schmalen Flur, von welchem genau gegenüber des Wintergartens eine Tür in eine einfache und zweckmäßig eingerichtete Küche führte, in deren Spüle sich das benutzte Geschirr stapelte. Über eine weiß lackierte, leicht geschwungene, hölzerne Treppe gelangten sie in das Obergeschoss, in dem sich neben Max' Zimmer drei andere Räume befanden.

Auf 20 Quadratmetern mit Dachschräge befand sich rechts das Bett. Davor stand ein großer, mit buntem Stoff bezogener Sessel, auf dem sich auch jetzt, so wie immer, Berge abgelegter Kleidung auftürmten. Dahinter war an der Giebelseite ein niedriges Regal eingebaut, dessen Bretter sich unter der Last der darinstehenden Fachliteratur bogen. Gegenüber der Tür war ein Fenster, welches sich zum Garten hin öffnete und von dem man den Weg sehen konnte, der von der Gartentür zum Hauseingang führte. Direkt vor dem Fenster stand ein alter Holzschreibtisch. Die linke Wand okkupierte ein Kleiderschrank mit angebautem Regal, das ebenfalls mit Büchern und allerhand Kram vollgestopft war. In der Mitte des Zimmers stand ein kleines, flaches Tischchen mit nach außen geschwungenen Tischbeinen, auf dem eine grüne, bauchige Wasserpfeife stand. Rechts und links davon standen zwei niedrige, mit goldbraunem Leder überzogene Hocker. Dort nahmen sie Platz, nachdem Max den allgegenwärtigen Staub mit dem Unterarm oberflächlich abgewischt hatte.

»Na Gerti, schieß los, was ist passiert?«

»Mir geht's scheiße, Max.«

Und sie erzählte ihm, wie vorher schon der Frau am Kleinhessenloher See, von der Schwangerschaft, wie sehr sie sich gefreut hatte, als sie davon erfahren hatte und wie Erik darauf reagiert hatte.

»Und was hast du jetzt vor?«

»Also heim zu Erik will ich auf keinen Fall mehr. Ich dachte, ich hole mir ein paar Sachen und gehe dann zu meinen Eltern. Für die Kolloquien lernen kann ich in Neustadt genauso gut wie in München. Ich werde sie morgen früh anrufen. Vater holt mich schon hier ab, da bin ich mir sicher, aber heute ist es zu spät. Daher wollte ich dich fragen, ob ich heute Nacht bei dir unterkommen kann.«

»Du, ist kein Problem, ich hab' eine Isomatte und zweites Bettzeug. Ich schlafe auf dem Boden und du kannst mein Bett haben. Du bist ja jetzt zu zweit. Und bleib' ruhig so lange du willst.«

Gerührt von so viel Selbstlosigkeit fiel Gerti Max mit feuchten Augen um den Hals und hinterließ am Kragen seines weißen Poloshirts schwärzlich trübe Spuren ihres zerlaufenen Eyeliners. Gerti musste beim Anblick dieser Flecken an traurige Krähen im Novembernebel denken.

»Du bist ein echter Freund, weißt du das? Der Beste, den ich habe.«

RÜCKBLICK 1997

Der grüngoldene Käfer

IN SICH VERSUNKEN saß das Mädchen im sommerlichen Garten seiner Großeltern und hörte auf die Stimme in seinem Kopf. Wobei, eine Stimme war es eigentlich nicht, sondern eher eine merkwürdige Mischung aus einem tiefen, dröhnenden Unterton im Innern ihres Schädels und einem darüberhinweg klingenden, unverständlichen Wispern. Und obwohl keine eigentlichen Worte zu verstehen waren, wusste das Mädchen genau, was die ›Stimme‹ von ihr wollte. Sie hatte auf deren Geheiß soeben einen großen, brummenden Rosenkäfer mit goldenen Flügeln, die in der Sonne grünmetallig schimmerten, gefangen und war nun damit beschäftigt, ihm langsam, eins nach dem anderen, die Beinchen auszureißen. Als das getan war, hielt sie ihn in die sonnenwarme Luft, um ihn fliegen zu lassen. Er öffnete seine Flügel und taumelte tief surrend davon. Als er auf einem blühenden Geißblatt, das in der Nähe stand, landen wollte, plumpste er auf den Bauch und kullerte ins Gras, wo er auf dem Rücken liegen blieb. Rasch eilte das Mädchen zu ihm und riss ihm auch noch beide Flügel aus, bevor sie ihn in den Gartenteich warf, wo ihn der dicke Goldfisch mit einem Happs verschluckte.

Als das Mädchen vor wenigen Wochen zum ersten Mal diese unheimlichen Geräusche in ihrem Kopf wahrgenommen hatte, hatte es sich noch die Ohren zugehalten und war davongelaufen. Dies hatte jedoch nichts genutzt. Die ›Stimme‹ war dadurch immer lauter geworden und war ihr überall hin gefolgt. Auch, dass sie ihren Kopf gegen die Wand geschlagen hatte, bis die Stirn blutig war, hatte die unheimlichen Geräusche nicht vertreiben können. So hatte sie schließlich aufgegeben und sich auf die Stimme eingelassen.

FRÜHSOMMER 2015 I

Der Umzug

GLÜCKLICHERWEISE WAR MAX stolzer Besitzer eines in die Jahre gekommenen grasgrünen VW-Golf-Diesel der zweiten Generation, den er von seinem Opa geerbt hatte. Er hütete dieses Auto wie seinen Augapfel. Der Golf war zwar nicht mehr das allerneueste Modell und hatte auch schon einige Rostflecke und Dellen, war aber ansonsten noch tadellos in Schuss, wenn man einmal vom klappernden Geräusch absah, das er selbst bei den kleinsten Bodenwellen und bei jeder sonstigen Unebenheit der Fahrbahn von sich gab. Mit diesem Gefährt fuhren Gerti und Max, trotz schon fortgeschrittener Stunde, zu Gertis bisheriger Wohnung, um das Notwendigste schon mal einzupacken. Erik war nicht da, er hatte Schicht. Einige Kleidungsstücke, ihren Kulturbeutel und Schmuck, notwendige persönliche Papiere und Ausweise sowie Sparbücher und Kontounterlagen, daneben noch die Ordner mit den persönlichen Dokumenten und die Unterlagen, die ihr Studium betrafen, waren schnell in zwei große Umzugskartons eingepackt, die Max von seinem eigenen Umzug noch aufgehoben hatte. Den Rest, so hatte Gerti es geplant, würde sie mit ihrem Vater demnächst abholen.

Wehmütig warf Gerti einen letzten Blick in das Zweizimmerappartement, in dem sie die letzten vier Jahre, zumeist glücklich – zumindest bis auf die letzten Monate – mit Erik zusammen verbracht hatte. Die Wohnung selbst war eher sachlich kühl eingerichtet, was mehr Eriks Geschmack widerspiegelte, der das Ganze auch bezahlt hatte, da er der Hauptverdiener in ihrer Beziehung gewesen war. Als sie beim Gehen langsam den Schlüssel im Schloss umdrehte, war es Gerti, als hätte sie damit eine wichtige Phase ihres Lebens endgültig hinter sich abgeschlossen.

Mittlerweile war es später Abend geworden. Auf dem Heimweg bestand Max darauf, Gerti bei seinem Lieblingsitaliener auf eine Pizza einzuladen. »Du musst ja einen Wahnsinnshunger haben.« Seine angenehm unprätentiöse Art, mit der er Probleme anging, tat Gerti in ihrer momentan aufgewühlten Verfassung ausgesprochen gut und ließ sie für den Moment ganz vergessen, dass sich am heutigen Tag ihr Leben von Grund auf geändert hatte. Dieser, trotz seiner etwas träumerischen Art, ausgeprägte Hang zum Praktischen war ihr schon früher an Max aufgefallen und erwies sich jetzt als überaus tröstlich und hilfreich und machte Max in ihren Augen geradezu liebenswert, ein Gedanke, den sie wie eine lästige Fliege rasch wieder verscheuchte, hatte sie sich doch eben erst von ihrem langjährigen Lebensgefährten getrennt. Nach dem Essen, in dessen Verlauf Gertis trübe Stimmung zusehends heiterer wurde, fuhren sie zurück zu Max, wo Gerti sich in dessen Bett breitmachen durfte, während dieser, nachdem das Tischchen mit der Shisha und die Hocker beiseite geräumt waren, sein Nachtlager auf dem Fußboden aufschlug.

Binnen weniger Minuten war Gerti eingeschlafen und fand sich in einem Traum wieder:

Erik war mit einem Kopfsprung im Badeweiher des Weidener Schätzlerbades verschwunden und nicht wieder aufgetaucht. Die weißglühende Sonne brütete heiß über der Freizeitanlage und Gerti lag mit ihrer sechs Monate alten Tochter im Schatten einer großen Kiefer, am Rande des Badeweihers. Die Kleine war unruhig und hatte zu quengeln begonnen. Sie war wohl hungrig und wollte gestillt werden. Mit aufkommender Panik musterte Gerti die wie flüssiges Quecksilber still daliegende Wasseroberfläche auf der Suche nach einem Lebenszeichen von Erik. Dieser war zwar ein guter Taucher, aber solange war er noch nie unter Wasser geblieben. Wenn das ein Scherz war, dann war es ein ganz schlechter. Gerade als sie aufspringen und ans Ufer eilen wollte, um nach Erik zu rufen, spürte sie, wie sich eine Hand schwer auf ihre linke Schulter legte. Eine weibliche Stimme sagte: »Lassen Sie es gut sein, er ist tot und war es sowieso nicht wert.« Zutiefst erschrocken fuhr Gerti herum und sah der Frau, die sie am Kleinhessenloher See das erste Mal getroffen hatte, ins freundlich lächelnde Gesicht. In diesem Moment klingelte es laut ...

Im ersten Augenblick wusste Gerti nicht, wo sie sich befand. Sie war in einem fremden Bett aus dem Schlaf hochgeschreckt, in einem Zimmer, das nicht ihr eigenes war. Neben ihr auf dem Fußboden lag ein Mann, der definitiv nicht ihr Partner war. Verwirrt begann sie ihre Gedanken zu sortieren, während neben ihr das Handy ungeduldig klingelte. Das Display zeigte »Erik« an und die Erinnerung kam ihr wieder. Offenbar war er vom Dienst nach Hause gekommen und hatte sie nebst ihren wichtigsten Sachen nicht angetroffen und wollte nun wissen, was los war. Verärgert drückte Gerti den Anruf weg und schaltete das Handy stumm. Bohrende Fragen oder gar Vorwürfe von Eriks Seite waren das allerletzte, was sie jetzt gebrauchen konnte. Sie hatte sich die Schwangerschaft zwar nicht ausgesucht, sie wollte jedoch zu ihrem Kind stehen. Erik war daher der Letzte, den sie jetzt hören oder gar sehen wollte.

An Schlaf war nun nicht mehr zu denken. Es war kurz nach vier Uhr in der Früh und Gerti war hellwach. Der Traum wollte ihr nicht mehr aus dem Kopf.

Nach einer knappen halben Stunde verschlafenen Grübelns begann im Garten, in Vorfreude auf einen schönen Spätfrühlingstag, ein vielstimmiges Vogelkonzert. Gerti beschloss, nicht weiter über ihren Traum nachzudenken und stattdessen, um die Zeit totzuschlagen bis Max aufwachte, sich anderweitig zu beschäftigen. Ihr Vater hatte in ihrer Kindheit viele, letztendlich nahezu erfolglos gebliebene Mühen darauf verwendet, ihr und ihrem Bruder beizubringen, Vogelarten an ihrem Gesang zu erkennen. Nach mehreren Amseln und Meisen, die sie gerade so erkannte, fiel sie tatsächlich wieder in eine Art Dämmerschlaf, der dadurch beendet wurde, dass Max aus dem Bett sprang.

»Scheiße, ist ja schon sieben Uhr! Ich muss um acht Uhr an der Uni sein!«

Blitzschnell verschwand er für eine Katzenwäsche im Bad, von der er nach fünf Minuten erfrischt wiederkehrte. Wie konnte man in der Früh nur so fit sein? Für Gerti, eine notorische Langschläferin, waren Menschen wie Max ein ewiges unlösbares Rätsel.

»Genug geschlafen! Komm mit runter, frühstücken.«

Dieser, keinen Widerspruch duldenden Einladung konnte Gerti sich natürlich nicht widersetzen und tappte schlaftrunken hinter Max die Treppe hinunter in den Wintergarten. Dort hatte sich bereits die restliche Belegschaft der WG zum Frühstück versammelt.

»Na Max, Damenbesuch gehabt?« Antonia, Medizinstudentin im sechsten Semester aus der Gegend von Göttingen, Vegetarierin und glühende Parteigängerin der Grünen, war es, die als erste das Wort ergriff. Obgleich leicht chaotisch strukturiert, war sie eine gute Seele und hätte ihr wirklich letztes Hemd gegeben, um einen Mitmenschen, der ihre Hilfe benötigte, nicht leer ausgehen zu lassen. Sie ließ keine Antikernkraftdemo aus und engagierte sich nebenbei bei Amnesty International. Wenn es jemanden gab, der das Attribut »mütterlicher Typ« verdient hatte, dann war sie es. Sie war mittelgroß, eigentlich schlank doch mit ausladendem Busen, der jede ihrer Bewegungen wippend mitmachte. Ihre dunkelbraunen, dicken Haare, die sie sonst gerne zu einem Zopf geflochten trug, hingen heute in wilden, unbändigen Locken in ihr hübsches Gesicht mit den großen, freundlichen, braunen Augen. Ihr Kinn und beide Wangen zierte jeweils ein kleines Grübchen. Sie war gewissermaßen die Seele der WG, Ansprechpartnerin bei allen großen und kleinen Sorgen und Nöten ihrer Mitbewohner, für die sie stets einen guten Rat oder eine Aufmunterung parat hatte. Sie würde ganz bestimmt einmal eine gute Ärztin werden.

Neben ihr saß Wilhelm, ihr Freund, von allen nur »Herr Richter« genannt, denn er war Jurastudent mit Leib und Seele und hatte eine außerordentliche juristische Begabung, wenn man seinen Kommilitonen Glauben schenken durfte. Er war, oberflächlich betrachtet, in vielem das genaue Gegenteil von seiner Freundin. Schlank, fast asketisch bis in die letzten Winkel seines markant zerfurchten, von einer leicht schiefen Nase gekrönten Gesichts, zu penibler Ordnung neigend, zumeist staubtrocken und von einer zurückhaltenden Steifigkeit, die fast an einen englischen Lord erinnerte, hatte er jedoch drei Schwächen, die ihn menschlich, ja geradezu liebenswert, erscheinen ließen: Richard Wagner, Asterix und Fußball. Die Werke des ersten erschütterten das Haus, wenn er sich bei seinen Studien alleine wähnte, es klirrten die einfachen Fenster in ihren Holzrahmen und der dünne Zwischenboden erzitterte unter der Wucht der erhabenen Klänge, mit deren Hilfe er die trockene Materie mit seinen Synapsen verknüpfte. Von Asterix Abenteuern nannte er alle Bände sein Eigen. Er kannte einen jeden auswendig und wusste auch noch so kurze Zitate den entsprechenden Bänden zielsicher zuzuordnen. Seine Freude über jede noch so kleine gelungene Sentenz oder geglückte Anspielung kannte keine Grenzen. Die erstaunlichste Wandlung jedoch machte er bei den gemeinsamen Fußballfernsehabenden durch. Dort wurde aus dem zurückhaltenden, feingeistigen Wilhelm ein Berserker, ein Derwisch, eine Furie. Wild fluchend kommentierte er jede missglückte Aktion der deutschen Nationalmannschaft, Schimpfwörter flogen nur so durch die Luft, der Fernseher überlebte nur dank seiner räumlichen Entfernung zu Wilhelm.

Der Vierte im Bunde war Franz, das Maskottchen der WG. Er war deutlich älter als die anderen, knapp vierzig Jahre alt, klein und kugelrund mit schütterem, blondem Haar, einem getrimmten und gepflegten Kinnbart und einer silbernen Brille mit runden Gläsern, durch die er kleinäugig und immer etwas fremdelnd in die Welt blickte. Er war, was man ein Original bezeichnen würde, ein Schrat, ein Hagestolz mit den Marotten eines langjährigen Junggesellen und einer merkwürdig gedrechselten Sprache, die ihn auch bei eigentlich einfachen Sätzen erst nach langen Windungen und Umwegen ans Ziel kommen ließ. Hinter jeder Frau, die mehr als zwei Sätze mit ihm wechselte, witterte er sogleich eine potenzielle Braut, über deren Vorzüge und den geplanten Hochzeitstermin er sich in stundenlangen Monologen ergehen konnte. Natürlich wurde nie etwas aus diesen Wunschträumen, sodass sich dieses Schauspiel alle drei Monate mit der Regelmäßigkeit eines Uhrwerks wiederholte. Zudem hatte er die etwas seltsame Angewohnheit, sich, während er sich mit einem Mitbewohner unterhielt, an der nächst verfügbaren Türzarge ausgiebig den Rücken zu kratzen, was, nachdem sich seine Mitbewohner einmal daran gewöhnt hatten, als untrennbares Merkmal seiner selbst akzeptiert wurde. Seine Brötchen verdiente er als Archivar in der Universitätsbibliothek, deren ihm anvertraute Bücher er wie seinen Augapfel hütete.

»Ja nun, ja nun, eine neue Frau in unseren heiligen Hallen. Was verschafft uns die außergewöhnliche und unverdiente Ehre?«, ließ Franz sich vernehmen, während er unverwandt auf Antonias wogenden Busen starrte.

»Die Gerti ist mein Gast, mach dir nur keine falschen Hoffnungen, Franz.«

»Ist ja schon gut, man wird einer schönen Frau ja noch ein verdientes Kompliment machen dürfen, gnädiger Herr«, maulte Franz in leicht beleidigtem Ton in Max' Richtung, während er sich wieder hinsetzte, nachdem er vorher vom Frühstückstisch aufgestanden war, um Gerti galant die Hand zur Begrüßung zu reichen.

Etwas verspätet gesellte sich auch noch der fünfte Mitbewohner hinzu, Bastian Lambers, Medizinstudent im achten Semester, den Gerti schon flüchtig von ihrer Tätigkeit im »Grotesk« kannte, wo er, vorzugsweise von Mitstudenten aus niedrigeren Semestern umringt, gerne das große Wort führte und sich als Obermacker bewundern ließ. Bastian war aus der Nähe von Köln und sprach in leicht singendem, rheinischem Dialekt. Er war groß gewachsen und bullig, wirkte jedoch etwas teigig, hatte wulstige Lippen unter einer langen Nase und glattes, blondes, sorgfältig zur Seite gescheiteltes Haar sowie kleine, wässrig-blassblaue Augen, die ihrem Gegenüber ständig auswichen. Seine rechte Wange zierte eine rotwulstige vertikale Narbe in Erinnerung an einen Schmiss, den er sich als Mitglied einer schlagenden Verbindung einst auf dem Paukboden eingefangen hatte und die sein ganzer Stolz war. Trotz aller rheinischer Leutseligkeit, die jedoch oft etwas aufgesetzt daherkam, wirkte er immer wie von oben herab, weniger Wohlmeinende hätten ihn auch als arrogant bezeichnet. Wegen eines leicht opportunistischen Einschlags seines Charakters wurde er von seinen Mitbewohnern Wilhelm und Max, die eher geradeheraus waren und denen jede Art von anbiedernder, auf den eigenen Vorteil bedachter Geisteshaltung zutiefst zuwider war, zwar notgedrungen geduldet, war aber nicht sonderlich beliebt. Breitbeinig vor ihr stehend musterte er Gerti von oben bis unten. Länger blieb sein Blick an ihrer Brust, insbesondere am Ausschnitt ihres Schlafanzugshirts hängen, bevor er von dort in Richtung ihres Schoßes glitt.

»Pass auf, dass dir nicht die Augen aus dem Kopf fallen, die brauchst du noch. Das Mädchen da kann nichts dafür, dass dir deine Freundin davongelaufen ist. Da musst du bitte schön schon eher deine Burschenschaft-Kombattanten fragen«, ließ sich Wilhelms schneidende Stimme vernehmen. Bastian war nämlich seit kurzer Zeit wieder einspännig unterwegs, nachdem sich seine langjährige Freundin von ihm getrennt hatte. Sie war wohl mit seiner Mitgliedschaft bei der deutschnational eingestellten Burschenschaft und ihren antiquierten Ritualen und Saufspielen nicht mehr klargekommen. Vielleicht war in seiner Beziehung jedoch auch noch etwas anderes vorgefallen, von dem seine Mitbewohner nichts mitbekommen hatten. Wie dem auch sei, für den politisch eher links orientierten Wilhelm war das Ganze natürlich ein gefundenes Fressen gewesen, sodass er keine Gelegenheit verstreichen ließ, Bastian darauf anzuspitzen.

Dieser riss seinen Blick von Gertis Hüften los und ließ sich seufzend und mit leicht säuerlichem Gesichtsausdruck auf den letzten noch freien Stuhl am Frühstückstisch sinken.

»Jong, du hast leicht reden.«

»Du tust mir ja auch echt leid, weißt du das?«

Auch wenn keiner explizit nach dem Grund ihres Hierseins fragte, sah sich Gerti beim anschließenden gemeinsamen Frühstück doch veranlasst, die Gastfreundschaft der WG dadurch zu würdigen, dass sie wenigstens kurz die verwickelten Umstände, in denen sie sich befand, schilderte und betonte, wie dankbar sie Max sei, dass sie bei ihm kurzfristig hatte unterkommen können.

Die Reaktion war überwältigend.

»Wir haben doch noch das kleine, freie Zimmer im Erdgeschoss, direkt neben dem Bad, wo wir unseren Krempel zwischengelagert haben. Da könnte die Gerti doch einziehen! Ausgeräumt ist das schnell und die Vermieterin wird sicher nichts dagegen haben. Die frag ich nachher mal, wenn ich von der Uni wieder heimkomme«, schlug Antonia mit leuchtenden Augen vor. Allgemeine Zustimmung tönte durch den Raum, während Franz, der heute seinen freien Tag hatte, unverzüglich in besagtem Zimmer verschwand und mit lautem Rumoren begann, irgendwelche schweren Teile zu verschieben. Selbst wenn Gerti etwas dagegen gehabt hätte, diese Entscheidung war gefallen, ohne, dass sie etwas dagegen hätte einwenden können.

Gerti kam diese unerwartete Wendung auch ganz zu Pass. Zu ihren Eltern zu flüchten, wie sie ursprünglich vorgehabt hatte, wäre doch furchtbar umständlich und den vor ihr liegenden Prüfungsvorbereitungen alles andere als zuträglich gewesen. Ihre Eltern wollte sie trotzdem besuchen. Allein schon, um ihnen die, für sie hoffentlich erfreuliche Mitteilung zu überbringen, dass sie Großeltern werden würden. Diese wichtige Neuigkeit am Telefon loszuwerden, erschien Gerti reichlich unpassend. Also packte sie am darauffolgenden Freitag ihren Rucksack, fuhr mit der U-Bahn zum Hauptbahnhof und stieg dort in den Alex, eine Regionalbahn, die sie ohne Umsteigen nach Weiden bringen würde.

Ihre Eltern hatten sich sehr über die Ankündigung ihres Besuchs gefreut. Nachdem Gerti mit Erik nach München gezogen war, kam es nur noch selten vor, dass sie sich in ihrer Heimatstadt blicken ließ. Außerhalb der Feiertage hatte sie von ihren Eltern in den letzten Jahren wenig gesehen.

Regensburg, Schwandorf, Nabburg, Luhe-Wildenau, vertraute Orte zogen vor Gertis Augen vorbei, während der Zug sich durch die wolkenverhangene Landschaft fraß. Ab und an durchnässten Schauer die sanft hügelige, von Feldern und Wald geprägte Oberpfalz. Ein tiefes Gefühl von Frieden und Heimat, und die Vorfreude auf ihre Eltern verdrängten die Sorgen, die Gerti zuletzt geplagt hatten. Bald war Weiden erreicht, ein Provinzstädtchen, in dem Gerti die Schule besucht und ihre ersten journalistischen Gehversuche beim »Oberpfälzer Heimatblatt« unternommen hatte.

Ihre Eltern warteten bereits am Bahnsteig des Weidener Bahnhofs. Gertis Vater war ein groß gewachsener, sportlicher Mann, der vor kurzem in Rente gegangen war. Von Beruf war er Zollbeamter gewesen. Sein noch volles, kurz geschnittenes, graues Haar kontrastierte mit seiner leicht gebräunten Haut. Seit Gerti zurückdenken konnte, zierte seine Oberlippe ein sorgfältig gestutzter Schnurrbart. Er hatte eine leicht gebogene »römische« Nase, wie er im Scherz zu sagen pflegte und hellblaue, schmale Augen. Gertis Mutter war eine kleine, untersetzte Frau. Ganz Gegensatz zu ihrem eher ruhigen Mann war sie eine sehr lebhafte, quirlige Frau, immer auf der Suche nach Beschäftigung. Eine schier unübersehbare Anzahl von Ehrenämtern in den verschiedensten Vereinen übte sie aus, vor allem seitdem die Kinder aus dem Haus waren und ihr Hausfrauendasein sie zunehmend langweilte. Mittlerweile war sie es, die meisten Teils außer Haus unterwegs war. Ihr Mann, kümmerte sich, abgesehen von seinen sportlichen Ambitionen – er fuhr Mountain-Bike, joggte und war ein begeisterter Wanderer – eher um Haushalt und Garten. Ihr früher mal glattes, braunes Haar war seit der Chemotherapie ihrer Brustkrebserkrankung schlohweiß geworden und zu kleinen Löckchen gekräuselt. Dank intensiver psychotherapeutischer Intervention durch eine in ihrer Heimatstadt tätige Psychoonkologin hatte sie ihre Erkrankung auch seelisch gut überstanden und war, wie früher, wieder voller Tatendrang.

Ihre Eltern wiederzusehen war Balsam für Gertis Seele. Bei einer innigen ersten Umarmung kamen ihr die Tränen und sogar ihr Vater musste sich verstohlen eine Träne aus dem Augenwinkel wischen. Im SUV ihres Vaters fuhren sie dann die wenigen Kilometer auf der A93 nach Norden, bis die Ausfahrt »Neustadt/Waldnaab« Gertis Heimatort ankündigte. Vorher passierten sie noch Altenstadt, dessen wuchtige, einer Trutzburg nicht unähnliche, sogar mit Schießscharten bewehrte alte Pfarrkirche, deren Ursprünge bis in karolingische Zeit zurückreichen, von weitem grüßte.

Dann lag auch schon ihre Heimatstadt Neustadt vor ihnen. Gekrönt wird die beschauliche Stadt vom Schloss der Fürsten von Lobkowitz. Zu Füßen des prächtigen, 1698 erbauten Schlosses erstreckt sich die von Ackerbürgerhäusern gesäumte Altstadt. Noch am Ortseingang, bevor der lang gezogene Anstieg zum Schloss seinen Anfang nahm, bog Gertis Vater nach rechts ab in Richtung Felixbergsiedlung. Diese Siedlung hatte sich erst im letzten Jahrhundert allmählich entwickelt, zu Füßen einer, auf einem weiteren Hügel gelegenen Klosterkirche, die dem heiligen Felix von Cantalice geweiht ist und zu einem kleinen Franziskanerkloster gehört. Dort oben auf dem Hügel hatten Gertis Eltern vor Jahrzehnten ihr Einfamilienhaus gebaut. Von dort bot sich ein unglaublicher Blick hinunter auf das Naabtal mit seinen ausgedehnten Auen, auf Altenstadt mit seiner burgartigen Urkirche und auf das Weidener Becken und die Stadt Weiden im Zentrum.

Als Gertis Vater die Tür zum Haus öffnete, empfing sie der Duft von Schweinebraten, Gertis Lieblingsgericht. Ihre Mutter hatte ihn extra für sie vorbereitet. Zusammen mit den Kartoffelknödeln, die Gerti auf dem Herd erspähte, fühlte sie sich auf einen Schlag in die Kindertage zurückversetzt.

Nach einem üppigen Mittagessen war es an der Zeit ihren Eltern zu erklären, warum sie gekommen war.

»Also, ich weiß gar nicht, wie ich's euch sagen soll, am besten ich mach's ganz kurz. Ihr werdet Oma und Opa und mit Erik bin ich momentan nicht mehr zusammen.«

Zack, das saß. Ihrem Vater klappte vor Überraschung der Unterkiefer nach unten und seine Augen wurden ganz groß und rund, ihrer Mutter traten Tränen in die Augen. Sie war es jedoch, die als Erste die Fassung wiederfand.

»Und willst du's behalten?«

Sie war aufgestanden und hatte Gerti ganz fest in ihre Arme genommen.

»Ja, ich freue mich ja auch darauf, aber das mit Erik ist echt scheiße.«

Schluchzend erzählte Gerti von ihrer Freude, als sie die Schwangerschaftsdiagnose erhalten hatte, von ihrem Schmerz und Zorn wegen Eriks Reaktion und von dem Trost und der Hilfe, die sie von der Fremden und vor allem von Max und seiner WG erhalten hatte und dass sie nun in den nächsten Tagen in dieser WG einziehen würde. Und nein, sie bräuchten jetzt nicht nach München zu kommen, um ihr zu helfen, und ja, nun ginge es ihr wieder leidlich gut, nachdem sie so liebe Menschen getroffen hatte und ja, es wäre einfach gut zu wissen, dass sie, ihre Eltern, hinter ihr stünden und sie sich, falls sie Hilfe benötigen würde, auf sie verlassen könne. Nachdem sie so eine Zeit lang miteinander geweint und gelacht hatten, machten sie sich, einer alten Familientradition folgend, anschließend gemeinsam auf ihren, nach jedem Mittagessen obligatorischen Verdauungsspaziergang, der sie an der Felixkirche vorbei durch ein wunderschönes Eichen- und Buchenwäldchen führte und sie dann an Feldern und Schlehenhecken vorbei zu einem alten Sühnekreuz aus grauem Granit leitete, das rote Marter geheißen wird. Weiter ging's entlang eines uralten Handelsweges, dessen zerfurchte Hohlwege im Wald linker Hand noch zu erahnen waren und dann im weiten Bogen durch die westlich davon liegenden kleinen Bauerndörfer zurück zum Kloster, wobei Gertis Vater, kaum, dass er sich wieder gefangen hatte – er hatte dafür allerdings deutlich mehr Zeit als seine Frau benötigt – schon allerlei Pläne machte, was er für sein Enkelkind im Vorfeld der Geburt noch alles würde vorbereiten müssen. Eine Wiege zu bauen war noch das geringste seiner geplanten Vorhaben. Nein, Zeit würde er die nächsten Monate keine mehr haben. Gerti musste lächeln und zwinkerte ihrer Mutter verschwörerisch zu. Da hatte einer seine Opa-Rolle schon mehr als angenommen. Von Erik war keine Rede mehr.

ROMA IN AUTUNNO 2015 II

Commissario Enrico Fabrese war nicht amüsiert. Er war im Mordfall des unbekannten Deutschen, der nackt im Tiber gefunden worden war, noch kein Stück weiter. Ganz im Gegenteil, es hatten sich Anhaltspunkte dafür ergeben, dass er es mit einer ganzen Mordserie zu tun hatte, sodass er die Aussicht auf den Kurzurlaub mit seiner Familie, den er schon seit Monaten in einem kleinen Landhotel in Radda in Chianti gebucht hatte, schwinden sah. Seine Frau Verena würde davon überhaupt nicht begeistert sein, hatte sie sich doch von diesen Tagen eine gewisse Entlastung vom anstrengenden Alltag mit den dreijährigen Zwillingen Roberto und Andrea erhofft. Verena war eine temperamentvolle Frau. In Erwartung des häuslichen Donnerwetters, unter Umständen garniert mit mehreren zertrümmerten Tellern, entrang sich den Lippen des Commissario ein tiefer Seufzer, während er sich wieder den Akten widmete, die sein Mitarbeiter Umberto auf seinem Schreibtisch abgelegt hatte.

Vor zwei Monaten erst hatten sie einen rothaarigen, weißen Mann aus dem Tiber gefischt mit einem ähnlichen Verletzungsmuster wie bei dem toten Deutschen. Aufgrund der Tätowierungen, die das erste Opfer am Körper trug, hatten sie angenommen, dass er von den Britischen Inseln stammte. Es hatte sich allerdings als unmöglich herausgestellt auch nur das geringste Detail über den mysteriösen Toten zu finden. Weder wo er sich vor seinem Tod aufgehalten hatte, noch auf welchen Wegen und wann er in die Stadt gekommen war. Auch ein Amtshilfeersuchen an Scotland

Yard war bisher ohne Ergebnis geblieben. Sie wussten nur, dass der Mann mit einem dünnen Draht erdrosselt worden war.

Vor einem Monat hatte man dann einen entmannten, dunkelhäutigen Torso in der Nähe der Engelsburg, in einem Plastiksack verpackt, in einem Gebüsch gefunden. Das Verletzungsmuster auf seiner Haut entsprach genau dem des Engländers und des Deutschen, wie Commissario Fabrese anhand der Fotos, die vor ihm auf dem Schreibtisch lagen, feststellte. Immerhin hatte man damals, anhand von DNA-Material, die Identität des Toten feststellen können. Es hatte sich um einen 35-jährigen Zuhälter aus Chicago gehandelt. Wie er nach Rom gekommen war und wie lange und warum er sich vor seinem Tod dort aufgehalten hatte, war im Dunkeln geblieben.

Es schien also tatsächlich so, als hätten sie es mit einer Mordserie zu tun. Für Fabrese bedeutete das eine Menge Überstunden, denn der Imageschaden, der durch diese ausländischen Mordopfer der Tourismusbranche entstand, war beträchtlich und hatte bereits den für Tourismusfragen zuständigen Staatssekretär auf den Plan gerufen. Und was das für seinen geplanten Urlaub bedeutete, war unschwer zu erahnen.

Mit einem weiteren tiefen Seufzer steckte er sich eine Zigarette an und begann, die notwendigen Unterlagen für ein Amtshilfeersuchen nach Deutschland und für Europol zusammenzustellen, während seine Gedanken sich nach Chianti und die herbstlichen Hügel der Toskana aufmachten. Er nahm einen tiefen Zug seiner Zigarette und schickte ein Stoßgebet gen Himmel, der Herrgott möge ihm doch einen Engel senden, der ihm dabei half, den Fall innerhalb der nächsten drei Wochen zu einem ordentlichen Abschluss zu bringen …

FRÜHSOMMER 2015 II

AM DARAUFFOLGENDEN SONNTAG war es Gerti ein inneres Bedürfnis, vor der Rückfahrt mit der Bahn nach München, den Zehnuhr-Gottesdienst im Felixkloster zu besuchen. Nicht, dass sie besonders gläubig gewesen wäre, das nicht. Nach den Vorkommnissen vor vier Jahren um den Prälaten Hornberger und der Mauertaktik der katholischen Kirche in dieser Missbrauchssache war sie aus der Kirche ausgetreten. Doch die kühle Rokokokirche vermittelte ihr schon seit ihrer Kindheit eine ganz besondere Art der Geborgenheit und war Teil dessen, was man wohl unter Heimat verstehen würde. Als Kind hatte sie unzählige Stunden staunend damit zugebracht, die vielen Gemälde zu betrachten, die das Wirken des Heiligen Felix von Cantalice zeigten, eines Franziskanerbruders, der Ende des 17. Jahrhunderts nahezu sein gesamtes Leben damit zugebracht hatte, in den Straßen Roms Almosen für die Armen zu sammeln. Über die Jahre hinweg hatte sie sich durch die Gemälde immer wieder nach Italien, insbesondere Rom, entführen lassen, zeigten diese doch meistenteils Straßen- und Landschaftsszenen aus dem Rom des 17. Jahrhunderts. Das größte der Bilder zeigte das Innere des Petersdoms mit dem Papst unter Berninis Baldachin, umgeben von vielen weiteren altertümlich gekleideten Menschen. Auch Landschaftsbilder einer heiteren Oberpfalz des 19. Jahrhunderts waren darunter, doch am meisten fasziniert hatten sie die Bilder der ewigen Stadt, welche ihr immer ein Sehnsuchtsort geblieben war. Bisher war es ihr nicht vergönnt gewesen, diese Stadt zu besuchen. Dazu kam noch, dass sie den Vorsteher des Klosters, einen charismatischen Franziskanerminoriten aus Krakau – die polnischen Franziskaner hatten, als die bayerische Ordensprovinz wegen Nachwuchsmangels das Kloster hätten aufgeben müssen, dieses sozusagen gerettet, als sie einen kleinen Konvent dorthin verpflanzten – als ausgezeichneten Prediger und vorbildlichen Ordensmann kennengelernt hatte. Er verstand es, auch diejenigen in seinen Bann zu ziehen, die nicht zu den Glaubensfesten zählten. Dort in dieser schönen Rokokokirche wollte Gerti für ihr ungeborenes Kind beten und vielleicht auch ein bisschen für sich selbst, dass sie die Kraft fände, dem Kind notfalls auch eine gute alleinerziehende Mutter zu sein. Der Pater, ein gebräunter, altersloser, sportlich-drahtiger, hochgewachsener Mann mit grauer Stoppelfrisur und asketischem Gesicht, das immer zu lächeln schien, predigte über die Kraft des Glaubens, die es dem Menschen erlaube, auch unter widrigen Umständen zu bestehen und Größe und Würde zu zeigen. Er sprach davon, dass diese Kraft es den Menschen ermögliche, ja sie geradezu dazu verpflichte, trotz ihrer eigenen Sorgen und Nöte sich der Ärmsten, Verzweifelten und Verlassenen anzunehmen, gerade in diesen Zeiten, in denen so viele Flüchtlinge nach Europa und Deutschland drängten und dort auf Ablehnung, Unverständnis, ja Feindschaft würden stoßen. Diese Haltung würde ihn an die Geschichte eines Mannes erinnern, der aus Angst vor der Welt und um deren Elend nicht sehen zu müssen, eine hohe, undurchdringliche Mauer um sein Grundstück gezogen hatte und dann in seinem Haus elendig verhungert war, weil wegen der Mauer auch keine Nahrungsmittel mehr den Weg zu ihm gefunden hatten. So sei es auch mit den Seelen der Menschen, die, wenn sie sich dem Leiden der Mitmenschen verschlossen, ebenfalls innerlich verhungern würden. Gerti musste bei seinen Worten an die vielen Menschen in dem reichen Deutschland denken, die Angst vor den armen Flüchtlingen hatten und wohl auch davor, einen kleinen Teil ihres Wohlstands mit den Hilfesuchenden zu teilen. Nach der Messe zündete sie noch eine Kerze für das Kind in ihrem Bauch an und fuhr nachmittags voller neuer Zuversicht und Kraft zurück nach München.

RÜCKBLICK 1998

Frösche

DAS DRÖHNEN IN *ihrem Kopf ließ sich nicht mehr durch das Ausreißen von Käferbeinen beschwichtigen. Die vermaledeite Stimme hatte sich nach einer gewissen Pause wieder gemeldet und etwas Neues verlangt. Sie war daraufhin zu Fröschen übergegangen. Wenn man diese kleinen Kracher, wie man sie vor Silvester überall kaufen konnte, für den Sommer aufhob und diese dann, zuvor gefangenen Fröschen angezündet ins Maul schob, so konnte man diese so explodieren lassen, dass Schleim und Innereien meterweit spritzten. Besonderen Spaß machte es ihr, diese Explosionen vor Haustüren und in Briefkästen in der Nachbarschaft ihrer Großeltern, wo sie wohnte, zu inszenieren und aus sicherer Entfernung die Reaktion der Betroffenen zu beobachten. An Fröschen war kein Mangel, denn ihre Großeltern wohnten in einem ländlich geprägten Vorort am Rande Münchens, wo es kleine Weiher und Tümpel im Überfluss gab. Niemand hätte das freundliche, brünette Mädchen mit den lustig fliegenden Zöpfen auch nur annähernd in Verdacht gehabt, der Urheber dieser abscheulichen Grausamkeiten zu sein.*

FRÜHSOMMER 2015 III

Der Einzug

DIE TAGE NACH Gertis Rückkehr nach München waren bestimmt durch mannigfaltige Renovierungs- und Umzugsarbeiten. Nachdem Gertis neues Zimmer vom darin gelagerten Gerümpel befreit worden war – Frau Wäller, die Vermieterin, hatte gegen eine weitere Mieterin nichts einzuwenden gehabt – ließ es sich Franz nicht nehmen, das neue Zimmer, groß war es ja nicht, unter wortreichen Erläuterungen, warum er dieses und jenes gerade so und nicht anders machte, herzurichten. Man ließ ihn gerne gewähren, wusste man doch, wie wichtig es für ihn war, seinen Wert für die WG unter Beweis stellen zu können. Abgesehen davon war es auch durchaus unterhaltsam, seinen weitschweifigen Ausführungen über wahre Handwerkskunst zu lauschen.

Nachdem die Renovierungsarbeiten beendet waren, mieteten sich Max und Wilhelm kurzer Hand einen Transporter und holten Gertis restliche Habe aus ihrer früheren Wohnung ab. Was nicht in Gertis neues Zimmer passte, wurde auf dem kleinen Dachboden des Häuschens eingelagert. Bei ihrer Abholaktion waren sie einem vor Wut schäumenden Erik in die Arme gelaufen, der ihnen eine fürchterliche Szene machte. Er drohte mit einer Anzeige wegen Diebstahls und wäre beinahe handgreiflich geworden, bis ein Anruf der mittels des Handy alarmierten Gerti ihn schließlich beruhigen konnte. Mehr als erleichtert zogen Max und Wilhelm schleunigst mit Gertis Habseligkeiten von dannen.

Lediglich Bastian hatte sich aus den gemeinschaftlichen Aktionen komplett herausgehalten. Wenn er von Zeit zu Zeit doch einmal vorbeischaute, dann nur um zu sticheln, wie schön es doch wäre, eine Frau zu sein, noch dazu schwanger. Alle würden dann um einen herumtanzen, was ihm einen giftigen Blick von Antonia einbrachte, die es sich zur Aufgabe gemacht hatte, Gerti rundum zu bemuttern.

»Ach, halt doch's Maul! Hilf lieber mit!« Wilhelm konnte sich seiner beißenden Kommentare nicht enthalten, die jedoch bei Bastian nur Achselzucken und ein verächtliches Grinsen hervorriefen.

Nach drei Tagen harter Arbeit war schließlich alles geschafft und Gerti konnte von ihrer provisorischen Bleibe in Max' Zimmer in ihr neues kleines Domizil umziehen. Das Zimmer war etwa dreizehn Quadratmeter groß. Darin war gerade mal Platz für ein Bett, ein Regal und einen Kleiderschrank. Neben der Zimmertür stand ein kleines Waschbecken mit Spiegel, das einzige Zimmer in der WG übrigens, das diesen Luxus aufweisen konnte. Alle anderen Bewohner mussten zum Zähneputzen ins Bad. Die Stirnseite des Zimmers wurde von einem altertümlichen, weiß gestrichenen, zweiflügeligen Holzsprossenfenster eingenommen, welches einen Blick in den vorderen, zur Straße liegenden Teil des Gartens bot, wo ein aus Kalksteinen gemauerter, schon leicht verwitterter runder Brunnen im Dornröschenschlaf versunken stand. Direkt vor dem Fenster stand Gertis Schreibtisch. An ihr Zimmer grenzte zur Linken das Bad, rechts wohnte Antonia.

Am Abend war eine kleine Einzugsparty angesetzt, es sollte Fondue geben, dazu Wein und Sekt, für Gerti natürlich alkoholfrei.

»Daran wirst du dich gewöhnen müssen: Wir lassen keine Gelegenheit aus, etwas zu feiern. Einen Grund finden wir so gut wie immer!«, hatte Max Gerti mit einem Augenzwinkern mitgeteilt. Die Einkaufslisten waren rasch geschrieben und verteilt. Jeder Mitbewohner wollte seinen Beitrag zur Party leisten. Einen kleinen Eklat gab es dann allerdings doch noch, als Bastian seine Mithilfe kategorisch verweigerte – er sähe gar nicht ein, da mitzuhelfen und im Übrigen hätten sie heute ohnehin einen Kommersabend in der Burschenschaft, da hinzugehen sei ihm allemal lieber, als den Einzug einer Schwangeren zu begießen, die man in absehbarer Zeit eh hinten und vorne würde bedienen müssen.

»Seitdem ihm seine Freundin davongelaufen ist, wird der immer komischer. Mach' dir nichts draus, der fängt sich schon wieder. Früher war der nicht so«, versuchte Antonia Gerti zu beruhigen, der das furchtbar peinlich war.

Es war ein schöner Abend. Sie saßen im Wintergarten gemütlich zusammen, hörten Musik und unterhielten sich königlich, zumal Franz es sich nicht nehmen ließ, eine Willkommensrede zu halten. In deren Verlauf verhedderte er sich unentrinnbar in endlosen Satzkaskaden, was wohl an der ihm eigenen umständlichen und gewundenen Art und Weise, sich auszudrücken liegen mochte, kam vom Hundertsten zum Tausendsten, verlor letztendlich ganz den Faden und setzte sich schließlich mit einem geseufzten »Was habe ich jetzt eigentlich sagen wollen?«, wieder an den Tisch. Daraufhin stießen alle miteinander auf Gertis Wohl an, während ihnen vor Lachen die Tränen die Wangen hinunterliefen.

Kurz, nachdem auch der letzte Feiernde seinen Weg ins Bett gefunden hatte, wurden die Bewohner des Häuschens, kaum, dass sie eingeschlafen waren – die Morgendämmerung hatte gerade erst eingesetzt – von einem fürchterlichen Lärm geweckt. Bastian war sturzbetrunken und in verdrecktem Zustand von seiner Burschenfeier nach Hause gekommen und hatte bei dem Versuch, sich in die Kloschüssel zu übergeben, diese verfehlt. Danach war er in die mit ebenerdigem Einstieg in den Boden versenkte Badewanne gestürzt, wo ihn die aufgrund des Getöses eilends herbeieilenden Mitbewohner mit blutiger Nase und blauem, rechten Auge in seinem Erbrochenen fanden. Wie er war, wurde er mit all seinen zerrissenen Klamotten abgeduscht, entkleidet und in sein Zimmer geschleppt, wo man ihm einen Eimer neben das Bett stellte und wie ein Baby zudeckte. Wilhelm und Max hatten diese undankbare Aufgabe übernommen. Bastian selbst hatte während der ganzen Prozedur außer einem grunzenden Gelalle keine verständlichen Worte von sich gegeben und war die nächsten zwei Tage unsichtbar geblieben.

RÜCKBLICK 1999

Der Hund

MIT SCHAUM VOR *dem Mund wälzte sich der braune Mischlingshund winselnd am Boden. Die großen, goldbraun gesprenkelten Augen starrten sie flehentlich an, während das Mädchen daneben saß und ihn fasziniert beobachtete. Lange hatte sie überlegt, wie sie seiner habhaft werden könnte und hatte, als es endlich so weit war, keine Zeit verloren, ihren schon lang gehegten Plan in die Tat umzusetzen. Seine Besitzerin war eine gepflegte, ältere, alleinstehende Dame, die ihren Hund praktisch nie aus den Augen ließ. Sie wohnte in unmittelbarer Nachbarschaft und ließ ihren Hund nie ohne Aufsicht herumlaufen. An diesem Tag allerdings hatte sie auf offener Straße, keine fünfhundert Meter entfernt, einen Herzanfall erlitten und musste mit der Ambulanz in die Klinik gebracht werden. Die Sanitäter hatten sich ihren Weg durch die umstehenden Schaulustigen gebahnt, unter denen sich auch das Mädchen befand, um die Ohnmächtige zu versorgen, welche noch ihre Leine mit angeleintem Hund in der Hand hielt. Auf die Frage, wer denn einstweilen auf den Hund aufpassen könne, hatte sich das Mädchen sofort angeboten und es fertiggebracht, sich unbemerkt mitsamt Hund aus dem Getümmel davon zu stehlen. Im Garten ihrer Großeltern angekommen, hatte sie sich mit dem zutraulichen Hund in den kleinen Holzschuppen zurückgezogen, wo sie ihn an einen, aus der Bretterwand ragenden Metallhaken angeleint hatte. Danach war sie ins Haus gegangen – ihre Großeltern waren in die Stadt gefahren –, wo sie sich eine der rohen, feinen Bratwürste aus dem Kühlschrank genommen hatte. Dann hatte sie die getrockneten Blätter des blauen Eisenhutes und des roten Fingerhutes, die sie eigens zu diesem Zweck gesammelt und* *in einem Marmeladenglas an einem sicheren Ort aufbewahrt hatte, aus ihrem Versteck geholt, diese zu feinem Pulver vermahlen, unter das Brät gemischt und dieses dann dem Hund gegeben hatte, der es schwanzwedelnd verspeiste.*

Die Wirkung trat bereits nach wenigen Minuten ein. Nachdem der Hund nach qualvollen Krämpfen endlich verendet war, nahm ihn das Mädchen und brachte ihn in einer Plastiktüte zum Häuschen der alten Dame. Dort drapierte sie den Kadaver, vorsichtig nach allen Seiten spähend, auf dem Treppenabsatz vor der Haustüre. Leider kam es nicht mehr dazu, dass das Mädchen sich an der Reaktion der alten Frau beim Auffinden des Hundes ergötzen konnte, denn nach einigen Tagen stellte sich heraus, dass sie ihren Herzanfall nicht überlebt hatte. Mehrere Tage lag das Mädchen also umsonst auf der Lauer, nur um schließlich mit dem unbefriedigten Gefühl des Versagens im Herzen aufzugeben. Das Wispern wurde in solchen Fällen zu einem schrillen Kreischen, das ihren ganzen Kopf erfüllte, von innen an die Schädeldecke stieß, von dort, wie ein Echo reflektiert wurde und schließlich in einem wirren Chaos an Geräuschen jeglichen Gedanken und Willen zum Erliegen brachte. In solchen Momenten dachte das Mädchen oft daran, von der nahe gelegenen Brücke über der Autobahn in die Tiefe zu springen, um dieser entsetzlichen Kakofonie ein Ende zu machen.

FRÜHSOMMER 2015 IV

Der Auszug

In der Woche nach seinem, ihm wohl sehr peinlichen Auftritt, ging Bastian seinen Mitbewohnern konsequent aus dem Weg. Wenn sich ein Zusammentreffen nicht vermeiden ließ, herrschte peinliches, betretenes Schweigen auf beiden Seiten. Eines Morgens eröffnete er ihnen dann, dass er aus der WG auszuziehen gedenke. Zum einen habe er sich ohnehin in diesem etwas schrägen Kreis, wie er es ausdrückte, nicht mehr wohlgefühlt, zum anderen habe er eine Frau kennengelernt, mit der er zusammenziehen wolle. Danach ließ er sich nur noch sporadisch blicken und das meistens untertags, um irgendwelche Habseligkeiten abzuholen. Die Nächte verbrachte er zumeist außer Haus. Auch schien er seine burschenschaftlichen Pflichten zu vernachlässigen, denn nach wenigen Tagen erschien ein Verbindungsbruder in voller Wichs mit Käppi und Band. Er wünschte mit bekümmerter Miene Bastian dringend zu sprechen, da man ihn auch an der Uni derzeit nicht antreffe und er neben seinem Studium, das er ganz offensichtlich vernachlässigte, auch wichtige Termine seiner Verbindung habe sausen lassen. Die WG-Bewohner konnte ihm in dieser Sache jedoch nicht weiterhelfen, da sie ihn seit Tagen schon nicht mehr gesehen hatten und ihnen der Name, geschweige denn die Adresse seiner neuen Freundin gänzlich unbekannt war.

Mit Gertis Schwangerschaft ging es indes völlig komplikationslos vorwärts. Die Übelkeit, von der sie in den letzten Wochen doch dann und wann geplagt worden war, war glücklicherweise vorbei, sodass sie auf die Vomex-Tabletten, die ihr Doktor Staudigl für den Notfall verschrieben hatte und auf die sie schon gelegentlich hatte zurückgreifen müssen, jetzt gänzlich verzichten konnte. Sie befand sich jetzt in der 13. Schwangerschaftswoche und hatte bei ihrem Arzt einen Termin zum sogenannten Ersttrimesterscreening vereinbart. Dabei sollte ihr Blut zur Bestimmung zweier Schwangerschaftshormone abgenommen werden und bei ihrem Ungeborenen mittels Ultraschalls die Nackenfalte gemessen werden. Aus den dabei erhaltenen Werten würde ihr Frauenarzt das Risiko für Trisomie 21 bei ihrem Kind ausrechnen können.

Dr. Staudigl war ein großgewachsener, schlanker, grauhaariger Mann mit einem kleinen, gepflegten Oberlippenbärtchen. Er war immer sehr freundlich und umgänglich, hatte für seine Patientinnen stets ein nettes Wort oder ein kleines Scherzchen parat, wobei ihm der Schalk aus seinen graublauen Augen blitzte. Seine Praxis war modern eingerichtet, Wände und Mobiliar in anheimelnden, warmen Farben gehalten, wobei im Empfangsbereich und im Wartezimmer ein angenehmer Orangeton vorherrschte. Die Böden waren in dunkler Walnussoptik gehalten, was der Praxis eine gediegene, gleichzeitig freundliche Ausstrahlung verlieh. Wie der Arzt selbst, so war auch sein Personal ausgesucht höflich und zuvorkommend, ohne jedoch aufdringlich oder gar anbiedernd zu wirken. Gerti ging gerne dorthin. Nachdem man ihr ein Röhrchen Blut abgenommen hatte, nahm sie Dr. Staudigl in Empfang.

»Na Frau Zimmermann, haben sie sich schon mit Ihrem neuen Untermieter angefreundet oder gibt es Klagen?«

»Nein, keine Klagen, nur mein Freund war gar nicht begeistert.«
»Und, was haben sie gemacht?«
»Ich bin ausgezogen und krieg' mein Kind alleine.«
»Hut ab, das schafft nicht jede, allen Respekt. Und kommen sie klar, so alleine?«

Gerti erzählte ihm von der WG und wie freundlich sie dort aufgenommen worden war, während er im Ultraschallzimmer ihr Kind auf dem Bildschirm betrachtete. Es war nun schon sechs Zentimeter groß, sah bereits aus wie ein kleines Menschlein, sogar das Profil mit Nase war schon zu erkennen, und es hüpfte in ihrem Bauch aufgeregt hin und her. In einer ruhigen Sekunde konnte Dr. Staudigl die Nackenfalte messen. Diese war 1,1 Millimeter dick, und damit, wie er bemerkte, im grünen Bereich. Wenn die Blutwerte jetzt auch noch in Ordnung wären, dann wäre das Risiko für eine Trisomie verschwindend gering.

Gerührt sah Gerti dem kleinen Wesen zu, wie es sich in ihrem Bauch hin und her bewegte, und war heilfroh, dass sie sich dafür entschieden hatte, es auszutragen.

»Ob ich wohl ein Foto bekommen könnte?«

»Selbstverständlich.«

Dr. Staudigl suchte, das mittlerweile sehr lebhafte kleine Wesen mit dem Ultraschallkopf verfolgend, nach einer besonders schönen Ultraschalleinstellung und druckte ihr, nachdem er diese gefunden hatte, ein extragroßes Bild ihres Kindes aus.

Von warmen Glücksgefühlen durchströmt verließ Gerti die Praxis und trat in das milde Licht des sonnigen Frühsommervormittags.

Die Stadt leuchtete in der von einem wolkenlosen Himmel strahlenden Mittjunisonne, die Gesichter der vorüberlaufenden Menschen trugen jene entspannte Leichtigkeit zur Schau, wie sie nur das Wissen und die Vorfreude auf den nahenden Sommer hervorzuzaubern vermag.

Als Gerti auf dem Weg zur S-Bahn an einer Eisdiele vorüberkam, überfiel sie das überwältigende Verlangen nach Zitroneneis – warum eigentlich Zitroneneis, das hatte sie doch noch nie gemocht? – und sie nahm am letzten freien Tisch Platz und bestellte bei der herbeigeeilten Kellnerin drei große Kugeln im Waffelbecher. Während sie so dasaß, die Beine weit von sich gestreckt im Korbstuhl lümmelnd und ihre Eiskugeln löffelte, fiel ihr am gegenüberliegenden Straßenrand ein Pärchen auf, das eng umschlungen und in ein intensives Gespräch vertieft, langsam vor einer Ladenfront dahin schlenderte. Im selben Moment fuhr ein Bus vorbei, und als sie wieder in Richtung des Pärchens blickte, war dieses in einem der Hauseingänge verschwunden. Sie hätte schwören können, dass es Bastian war, der da flanierte und auch die Frau war ihr irgendwie bekannt vorgekommen. Aber anderer Leute Angelegenheiten gingen sie nichts an und sie war auch nicht in der Stimmung, sich darüber groß den Kopf zu zerbrechen. Schmerzlich wurde ihr bewusst, dass sie sich am Nachmittag mal wieder an ihren Schreibtisch würde setzen müssen, um für ihre anstehenden Kolloquien zu pauken und ihrer Bachelorarbeit, die sie Gottlob bereits vor der Sache mit Erik fast fertig gestellt hatte, den letzten Schliff zu geben.

Gedacht, getan. Nachdem Gerti in den Kochelweg zurückgekehrt war, kramte sie die entsprechenden Unterlagen zusammen und begab sich mit diesen und ihrem Laptop in den Garten, der nun in der warmen Mittagssonne lag und in dem ein Gartentisch mit zwei Klappstühlen einladend wartete.

Das Thema ihrer Arbeit hatte etwas mit der journalistischen Aufarbeitung des Mordfalls Prälat Hornberger zu tun, dessen Problematik sie damals vor einigen Jahren hautnah miterlebt hatte und dessen Tragik ihr auch heute noch, selbst nach dieser langen Zeit, zu schaffen machte.

Kaum hatte sie den Laptop aufgeklappt und begonnen, sich einzulesen, stand schon Franz hinter ihr, der seine Mittagspause, wenn möglich, zu Hause zubrachte. Er war ganz offensichtlich in Plauderlaune und knetete seine Hände in unübersehbarer Vorfreude.

»Na schönes Fräulein, gehabt Ihr Euch wohl? Wie steht's um den Nachwuchs?«

»Geht so, Franz, danke der Nachfrage. Aber eigentlich müsste ich jetzt etwas arbeiten, das macht sich leider nicht von alleine.«

»Wohl, wohl. Nun denn, nur eine kleine Bemerkung: Bastian geruhte heute, mit seiner neuen Flamme in der Bibliothek zu erscheinen.«

»Echt?« Rasch klappte Gerti den Laptop wieder zu. »Und wie ist sie so?«

»Ich würde mal schätzen fast zehn Jahre älter als er, zierlich und brünett, mit hübschem Gesicht. Vor allem vom Alter her würde sie eher zu mir passen.«

Gerti musste schmunzeln bei der Vorstellung des kleinen, kugelrunden Franz, eingehakt bei einer zierlichen Brünetten.

»Und sonst ist dir nichts aufgefallen?«

»Er scheint sie anzubeten, um nicht zu sagen, er ist ihr verfallen. Da ist der Zug für mich wohl abgefahren.«

Seufzend zog sich Franz ins Haus zurück.

Interessant, dann hatte sie sich heute wohl doch nicht getäuscht. Jetzt wusste sie auch wieder, warum ihr die Frau so bekannt vorgekommen war. Sie hatte eine gewisse Ähnlichkeit mit der Frau gehabt, die sie in ihrem ersten Frust nach Eriks Reaktion auf ihre Schwangerschaft am Kleinhessenloher See so nett getröstet hatte und deren Telefonnummer sie in ihrem Geldbeutel noch immer bei sich trug. Vielleicht würde sie sie demnächst mal anrufen. Birgit Eisner war ihr Name gewesen, wenn sie sich recht entsann.

In der WG hatten sie Bastian im weiteren Verlauf nur noch ein einziges Mal gesehen. Er war mit einem Freund vorbeigekommen und hatte mit ihm seine Habseligkeiten in einen Kleintransporter eingeladen. Anschließend verabschiedete er sich von den gerade Anwesenden Gerti, Franz und Antonia in aller Kürze, ohne Herzlichkeit und ohne ein persönliches Wort. Der ganze Auftritt hatte auf Gerti einen mehr als merkwürdigen Eindruck gemacht. Bastian hatte ihr überhaupt nicht gefallen, seine Haut war grau, er wirkte übernächtigt, als hätte er seit Tagen nicht mehr geschlafen. Dunkle Ringe umflorten seine Augen, die tief in ihren Höhlen lagen und unruhig flackerten. Sein Händedruck zum Abschied war weich und kraftlos.

RÜCKBLICK 2000

Andrea

F*RÜHER WAR ANDREA lange Zeit ihre beste Freundin gewesen, soweit man das überhaupt so sagen konnte. Sie war ein Mädchen aus sogenanntem, gutem Hause. Ihre Eltern waren Akademiker – er Grundschullehrer und sie Finanzbeamtin. Kennengelernt hatte sie Andrea in der Realschule, auf die sie gewechselt war, nachdem ihre Noten entgegen ihrer eigenen Erwartungen überaus passabel gewesen waren. Da sie selbst noch keine Banknachbarin hatte und Andrea alleine und verloren bereits in einer Bank in der letzten Reihe saß, hatte sie sich neben sie gesetzt, was jener ganz recht zu sein schien. Andrea war ein stilles Mädchen mit feinen blonden Locken und von ätherischer Schönheit. Ihre helle Stimme war leise und unsicher, ihre Augen wanderten ängstlich und ruhelos umher. Das Mädchen erinnerte sie an ein scheues Rehkitz, das sie einmal bei einem Zoobesuch mit ihren Großeltern gesehen hatte. Freundinnen hatte Andrea keine. Sie war von ihren Eltern, als deren einziges Kind, sehr behütet erzogen worden.*

Sie wurden schnell Freundinnen. Andrea, glücklich darüber, endlich eine Freundin gefunden zu haben, mit der sie sich verstand, hing in nahezu abgöttischer Zuneigung an dem Mädchen, was dieser sehr schmeichelte, war es ja gerade dadurch ein Leichtes, sie dazu zu bringen, für sie allerhand nützliche Dienste zu erledigen. Mit ihrer Hilfe konnte das Mädchen die Stimme, die sich zu diesem Zeitpunkt in immer kürzeren Abständen meldete, zufriedenstellen und sich daher wenigstens ab und an etwas Ruhe vor dem Tohuwabohu in ihrem Kopf verschaffen. Mit entsprechenden Überredungskünsten brachte sie die unschuldige Andrea dazu, mit ihr auf Diebestouren in

Kaufhäuser gehen. Andrea lenkte die Verkäuferinnen durch gezielte Fragen und Probierwünsche ab, während das Mädchen selbst alles Mögliche in ihrer Umhängetasche verschwinden ließ. Es dauerte nicht lang, bis sie Andrea sogar so weit hatte, von ihren Eltern erst kleinere, dann immer größere Summen aus dem Geldbeutel zu entwenden. Zu Anfang investierten sie das Geld in Eis und Kinokarten und dann, als sie schließlich älter wurden, in Besuche von Diskotheken und Partys. Anfängliche Bedenken Andreas gegen diese unerlaubten Umtriebe hatten sich unter dem Einfluss ihrer Freundin allmählich in Luft aufgelöst. Auf ihren Touren waren sie beide sehr erfolgreich, offenbar kam ihnen ihr unschuldiges, kindliches Aussehen sehr zugute, denn schließlich wurden sie nicht ein einziges Mal erwischt. Auch Andreas Eltern, da beruflich sehr engagiert, bekamen nichts davon mit, was ihre Tochter untertags so trieb, zumal die schulischen Leistungen nicht wesentlich darunter litten. So kam, wie es wohl kommen musste, und sie waren mit fünfzehn Jahren an Drogen geraten.

Andreas Eltern mussten eines Freitags nach Dortmund fahren, da die Oma, die dort lebte, plötzlich lebensbedrohlich erkrankt war. Es waren vor Ort medizinische und pflegerische Maßnahmen zu koordinieren. Andrea gab vor, noch dringend für eine Klausur lernen zu müssen, sodass sie unbedingt zu Hause bleiben müsse. Damit war der Weg für beide Freundinnen frei. Bei Andrea's Eltern fanden sie noch knapp 100 Euro in einem Kuvert im Wohnzimmerschrank, sodass einem durchgefeierten Wochenende nichts mehr im Wege stand.

In ihrem Lieblingsclub »Label« wurden sie noch am selben Abend von Marcel, den sie von früheren Besuchen dort schon kannten, angesprochen. Er könne ihnen zum ultimativen Partyerlebnis verhelfen, ein Erlebnis, das sie nie vergessen würden, und er hätte etwas für sie – Poppies. Da würden sie Augen machen, so was hätten sie noch nicht erlebt, für vier Euro das Stück könnte er sie ihnen überlassen.

Da konnten sie natürlich nicht nein sagen. Der Effekt war ja auch, wie sich alsbald herausstellen sollte, sensationell. Sie wurden eins mit der Musik und dem Licht, ihre zuckenden Körper verschmolzen mit den Beats, sie tanzten das ganze Wochenende durch und Sonntagnacht hatte das Mädchen auf dem Parkplatz hinter dem Club gigantischen Sex mit Marcel. Dass es regnete und sie es auf dem Grünstreifen zwischen Parkplatz und der Straße trieben und mindestens ein Dutzend Leute dabei zusahen und sie anfeuerten, störte sie nicht im Geringsten und wo Andrea abgeblieben war, hätte sie beim besten Willen nicht sagen können.

Diese war zwischenzeitlich völlig verwirrt, verdreckt und in unzurechnungsfähigem Zustand von der Polizei aufgegriffen und bei ihren Eltern, die mittlerweile wieder nach Hause zurückgekehrt waren, abgeliefert worden. Nachdem sie nach Stunden wieder einigermaßen zu sich gekommen war, hatte sie ihren Eltern alles gebeichtet, auch die Diebstähle über die Jahre hinweg und die Rolle, die ihre Freundin bei dem Ganzen gespielt hatte.

Daraufhin waren sowohl Kriminalpolizei als auch Jugendamt bei den Großeltern des Mädchens aufgetaucht, es hatte einen Riesenzirkus gegeben und ihr waren herbe Bewährungsauflagen verpasst worden.

Seit diesem Zeitpunkt war die Stimme auf Andrea äußerst schlecht zu sprechen. Das Mädchen konnte aber, so sehr die Stimme auch immer drängender und lauter Vergeltung forderte, ihrer nicht habhaft werden, da Andrea von ihren Eltern unverzüglich von der Schule genommen und seitdem regelrecht vor dem Mädchen abgeschirmt wurde.

Die Gelegenheit bot sich erst sechs Monate nach diesen Vorkommnissen, als sie Andrea zufällig Arm in Arm mit einem ihr flüchtig bekannten und in der Nachbarschaft wohnenden Jungen, dem Sohn eines bekannten Schönheitschirurgen, sah. Beide waren offensichtlich sehr verliebt und hatten nur Augen füreinander. Wie gut, dass sie ihr das Foto wieder einfiel.

Sie waren, kurz bevor das mit dem Ecstasy passiert war, auf die Idee gekommen, sie könnten doch so tun, als ob sie lesbisch wären und von sich beiden mit Opas Kamera im Selbstauslösemechanismus ein Selfie machen, das sie beide nackt in inniger Umarmung zeigte. Sie hatten dabei viel Spaß miteinander gehabt, das Foto auch auf Papier *ausdrucken lassen, den Ausdruck dann aber in einer Schublade vergessen, wo er immer noch lag.*

Nach kurzem Suchen hatte das Mädchen das Bild wiedergefunden, es in einen Umschlag gesteckt, den sie an die Eltern des Jungen adressiert hatte und ohne weiteren Kommentar dorthin geschickt. Keine Woche später hatte Andrea sich aus Liebeskummer, wie es in der Zeitung hieß, vor einen Zug geworfen.

Als Folge dieser ganzen Ereignisse wurde das Mädchen vom Jugendamt der Obhut ihrer Großeltern entzogen und in ein Heim für schwer erziehbare Jugendliche gebracht. Nachdem sie sich dort ebenfalls auffällig verhalten hatte, wurde sie schließlich dieser individuellen pädagogischen Auslandsbetreuungsmaßnahme in Namibia zugeteilt. Es wurde ihr eindringlich erklärt, dass dies definitiv ihre letzte Chance sei, die es zu nutzen galt, da sie bei einem weiteren Vergehen eine Gefängnisstrafe erwarten würde. Zuvor war sie noch einer psychiatrischen Begutachtung unterzogen worden. Bei dieser Untersuchung wurde eine Psychose aus dem schizophrenen Formenkreis festgestellt, die dringend behandelt werden müsste. Ihr wurden Tabletten verschrieben, unter deren Einfluss das Wispern und Dröhnen in ihrem Kopf immer leiser wurde, bis es schließlich nahezu gänzlich verstummte.

KAPITEL 3

BASTIAN

ÜBER DAS MISSLINGEN UND DEN EINBRUCH DES BÖSEN

SPÄTSOMMER 2015 I

Der Ausflug

Der September neigte sich dem Ende zu und in München war wegen des Oktoberfests der jährliche Ausnahmezustand eingetreten. Gerti und Max ging es wie so vielen ihrer studentischen Freunde und Bekannten, die diesem jährlichen Auftrieb nichts abgewinnen konnten. Wohin das Auge auch blickte, die Innenstadt, die U-Bahnen und insbesondere die Bahnhofsgegend quollen vor allem an den Wochenenden über von merkwürdig mit Dirndln und Lederhosen kostümierten Zeitgenossen aller Nationen, teils mit noch merkwürdigeren Hüten auf dem Kopf, die in dem gemeinsamen Besäufnis der stumpfsinnig, im Takt blökenden Herde unter der Leitung ihrer Hirten in Gestalt der Festwirte und Musikkapellmeister, das ultimative Vergnügen zu finden gedachten. Voran trabten der feierwütigen Herde wie die Leithammel alljährlich sogenannte Prominente, die befeuert von der Dauerberichterstattung in der Yellow Press unbedingt ihre bedauerlicherweise nur einmal im Jahr wiederkehrende Chance wahrnehmen mussten, sich einem größeren Publikum in lächerlichen Posen auf bunten Bildern präsentieren zu können. Allzu oft endete dieses zweifelhafte Massenvergnügen in völligem Kontrollverlust, erkennbar an allerorts sich Übergebenden, an in jedem verfügbaren Grünstreifen dahin dämmernden Besinnungslosen oder an vor und hinter Büschen und Bäumen in aller Öffentlichkeit Urinierenden, die alle miteinander ihren kurzen, aber sündhaft teuren Wahn zum Teil mit langer Reue, in jedem Fall aber mit einem veritablen Kater büßen mussten. Kurz gesagt, für Gerti und Max war es ein Graus und so beschlossen sie eines Sonntags während der Oktoberfestzeit, München den Rücken zu kehren und einen Ausflug in die fränkische Provinz zu unternehmen.

†

In den dieser Zeit vorangehenden Wochen war wieder wohltuende Routine in Gertis Leben eingekehrt. Sie hatte sich vor allem dank der freundlichen und wohlwollenden Aufnahme durch ihre Mitbewohner rasch in der WG eingelebt. Auch ihre Schwangerschaft entwickelte sich prächtig, sie hatte nun gut die Hälfte der 40 Wochen hinter sich gebracht und das im August von ihrem Arzt routinemäßig bei ihrem Kind durchgeführte Ultraschallorganscreening war zu Dr. Staudigls und damit selbstredend auch zu Gertis vollster Zufriedenheit verlaufen. Sie hatte das Wunder ihres Kindes in all seiner Pracht am Ultraschallmonitor bewundern können – das kleine Gesichtchen im Profil, das kleine Herz in regelmäßigem Takt schlagend, seine Ärmchen und Beinchen, die Wirbelsäule in ganzer Länge. So schwamm es mit lebhaften Bewegungen in seinem Fruchtwasser herum und ließ sich durch seine Zuschauer in keinster Weise stören. Bei dieser Gelegenheit hatte Gerti zudem zu ihrer großen Freude erfahren dürfen, dass sie ein Mädchen erwartete. Mittlerweile war ihr ein Bäuchlein gewachsen und sie konnte ihr Kind fast jeden Tag spüren, wie es in ihrem Bauch mal kräftig herumrumpelte, mal leise zupfte. Wenn sie Glück hatte, konnte sie, wenn die Hand ganz still auf dem Bauch lag, spüren, wie das Kind von innen sanft dagegen stupste. Auch körperlich ging es Gerti ausnehmend gut. Manche Dinge gingen ihr zwar etwas langsamer von der Hand, nun gut, aber dafür war sie ja auch schwanger. Mit ihrer Bachelorarbeit machte sie nun ebenfalls zügige Fortschritte, mit dem Lernen auf die letzten Kolloquien war sie zu ihrer großen Erleichterung auch schon fast durch, lediglich von ihrem Exfreund hatte sie seit Wochen bereits nichts mehr gehört, war darüber aber nicht wirklich betrübt, da sie in Max einen fürsorglichen und aufmerksamen Freund und Kameraden gefunden hatte, von dem man beinahe hätte meinen können, er und nicht Erik wäre der Erzeuger des Kindes gewesen. Dabei hatte er sich ihr gegenüber immer korrekt verhalten und war ihr nie ungebührlich nahegetreten, was sie ihm hoch anrechnete, wusste sie doch, dass er sie immer noch insgeheim verehrte, vielleicht sogar noch mehr als früher, da sie jetzt jeden Tag unmittelbar miteinander zu tun hatten. Einmal, und das erst kürzlich, hatte Gerti indirekt über einen gemeinsamen Bekannten, einen Polizisten, wie ihr Exfreund, vage Neuigkeiten über Erik erfahren. Dieser meinte Erik mit einer neuen Flamme gesehen zu haben, war sich jedoch auch nicht sicher gewesen. Nun es war ihr einerlei, sie hatte mit diesem Punkt ihrer Vergangenheit abgeschlossen und bereitete sich allmählich auf das große, unbekannte Geheimnis vor, das ihr Leben die nächsten Jahre bestimmen sollte.

Doch zunächst galt es, dem Oktoberfesttrubel ins Fränkische hinein zu entfliehen.

RÜCKBLICK 2001

Afrika

DIE FLIMMERNDE HITZE *lastete schwer über der von staubigen Büschen gesäumten Schotterpiste. Ringsum nur Sand, gelborange Steinbrocken und die verdammten Dornenbüsche, sah man einmal von einzelnen verstreut in der staubigen Ebene stehenden, merkwürdig schirmförmigen Bäumen ab. Und über allem lag, wie eine unsichtbare Glocke, diese unerträgliche Hitze. Das Mädchen, das sich seit einem Jahr Ines nannte, saß zusammen mit zwei Jungs, einem Mädchen in ihrem Alter und zwei Betreuern, einem Mann und einer Frau, beide Mitte dreißig, in einem klapprigen Kleinbus. Holpernd und ruckelnd zogen sie eine kilometerweit in der stehenden Hitze sichtbare Staubwolke hinter sich her. Der Fahrer war ein wortkarger, schon etwas älterer Einheimischer, dessen angegrautes Haar stark mit seiner tiefschwarzen Haut kontrastierte. Er trug ein speckiges, hellblaues Hemd mit großen Schweißflecken unter den Achseln sowie braune, nicht minder verschwitzte Shorts. An den nackten Füßen trug der Busfahrer, wie Ines staunend feststellte, leuchtend neongrüne Badeschlappen.*

Da war sie nun also in dieser staubigen Einöde gelandet, vor drei Stunden dem Flugzeug entstiegen, das sie und ihre Reisegruppe von München nach Windhoek, der Hauptstadt Namibias, gebracht hatte. Schon beim Ausstieg war sie gegen diese scheußliche Wand aus Hitze geprallt, die sie nun, wie ihr mit Schrecken klar wurde, die nächsten Monate ertragen würde müssen. Binnen Sekunden waren Shirt und Hose an ihrem Körper festgeklebt und der Schweiß tropfte ihr in Bächen aus jeder Pore. Im Stillen schalt sie sich eine Idiotin dafür, dass sie sich von der Stimme in ihrem Kopf so hatte beeinflussen lassen und den Bogen soweit überspannt hatte, dass man sie wegen ihrer Eskapaden zunächst dem schützenden Nest ihrer Großeltern entrissen hatte und dann auch noch zu allem Überfluss aus dem Erziehungsheim heraus in diese verfuckte individual-pädagogische Auslandsgruppenmaßnahme eines Veranstalters Namens Ordorecta verfrachtet hatte. Dieser Verein hatte beim Jugendamt einen äußerst guten Ruf und so war sie nun an diesen bescheuerten Flecken am Ende der Welt gelandet. Noch mehr ärgerte sie sich darüber, dass sie sich nicht schlauer angestellt hatte, sodass man ihr bei ihren letzten Aktionen rasch auf die Schliche gekommen war. Noch einmal würde ihr das allerdings nicht passieren, schon allein deswegen nicht, da seit einigen Monaten diese entsetzliche Stimme, dieses wispernde Hallen in ihrem Kopf, dessen Bedeutung nur sie zu verstehen vermochte, verstummt war. Das war zeitgleich mit der Einnahme jener Tabletten geschehen, die sie von dem streng dreinblickenden Arzt mit Nickelbrille verschrieben bekommen hatte, der eines Tages im Heim aufgekreuzt war. Er hatte einige Tests mit ihr gemacht, Fragen gestellt, deren Sinn sie nicht verstanden hatte, bedächtig den Kopf gewogen, sich hinter dem rechten Ohr gekratzt und dann das Rezept ausgestellt, jedoch nicht, ohne ihr einzuschärfen, dass sie die Tabletten immer nehmen müsse: »Und wenn ich immer sage, meine ich ein Leben lang.«

Momentan aber hatte sie andere Probleme. Man hatte ihnen Vieren als erste Maßnahme ihre Handys und Laptops weggenommen. Die würden sie jetzt nicht mehr benötigen, war doch die nächsten sechs Monate harte Arbeit auf einer Farm weitab von jeder menschlichen Behausung in der Steppe Namibias angesagt. Als Aufpasser hatte man zwei psychologisch geschulte Sozialarbeiter mitgeschickt, deren Aufgabe es war, durch harte Arbeit und psychologische Dauerbeschallung bessere Menschen aus ihnen zu machen.

Aus den Augenwinkeln beobachtete sie die beiden, die in der zweiten Sitzreihe des Kleinbusses saßen. Sie unterhielten sich flüsternd und spähten ab und zu nach hinten in Richtung ihrer Schützlinge.

Die Frau, die sich am Flughafen als Ellen vorgestellt hatte, war ihr sofort unsympathisch gewesen. Sie war für eine Frau überaus groß gewachsen, hatte einen muskulösen Körper und ein breites Kreuz. Der breitkrempige, sandfarbene Jeanshut ließ sie aussehen wie einen weiblichen Indiana Jones. Unter dem Hut kam ein breiter aus dickem, blondem Haar geflochtener Zopf zum Vorschein, der ihr fast bis zur Mitte ihres Rückens reichte. Die ärmellose, ebenfalls sandfarbene Jacke, die sie über einem weißen T-Shirt trug, war über und über mit aufgenähten Taschen versehen. Ihre kurzen, sandfarbenen Shorts gaben den Blick auf – das musste man ihr lassen – wohlgeformte, gebräunte, muskulöse Beine frei. Die bloßen Füße steckten in orangen High-End-Treckingsandalen. Wenn sie nicht gerade mit ihrem Begleiter tuschelte, zog sie an einer Zigarette, die sie in ihrer rechten Hand hielt. Ihr nicht unattraktives Gesicht war ebenfalls tiefbraun, von vielen Fältchen durchzogen, die leuchtend grünen Augen verdeckte eine, auf einer geraden Nase sitzende, riesige Sonnenbrille. Ihre Stimme war fest und kräftig.

Neben ihr saß das diametrale Gegenteil.

Der blasse, eher schmächtige Mann war einen guten Kopf kleiner als die Frau, bekleidet mit einer leichten, grauen Stoffhose und einem akkurat in der Hose steckenden, weißen Hemd mit braunen Längsstreifen. Auf dem spärlich behaarten, relativ großen, runden Kopf thronte ein etwas zu kleiner Strohhut. Die weiß besockten Füße steckten in braunen Birkenstocksandalen. Seine Oberlippe zierte ein lächerlich altmodisch wirkendes schmales Menjou-Bärtchen und seine kleinen Äuglein waren von einer schmalen Sonnenbrille mit Metallgestell verdeckt. Seine Stimme, mit der er sich als Herbert vorgestellt hatte, hatte etwas Quäkendes. Ihm war wohl der Psycho-Part im Team zugeteilt worden, während die Frau für die handfesteren Aufgaben vorgesehen war. Na, wenigstens mit dem Psycho-Heini würde sie leichtes Spiel haben.

Ihre Mitdelinquenten waren Nick und Tom, ein Brüderpaar aus Berlin, die sich trotz ihres milchbubihaften Aussehens bereits seit ihrem elften Lebensjahr auf den Straßen Berlins einen Namen durch diverse Eigentums- und Gewaltdelikte gemacht hatten. Auch für sie stellte diese »Erziehungsmaßnahme« unter der gnadenlosen Sonne

Afrikas die letzte Chance dar. Momentan allerdings saßen beide wenig heldenhaft nebeneinander. Sie blickten unsicher und ängstlich entweder aus dem Fenster in die vorbeiziehende Wildnis oder zu den Betreuern hin, mit deren weiblichem Part sie schon auf dem Flughafen in München unliebsame Bekanntschaft gemacht hatten. Sie waren wegen ihres machohaften Auftretens von ihr kräftig zusammengefaltet worden. Seitdem hatte man keinen Ton mehr von ihnen gehört.

Das andere Mädchen der Reisegruppe, geschätzt auf knappe 17, gab die Oberschlampe par excellence. Ihr fülliger Körperbau hielt sie nicht davon ab, ein Netzshirt über einem äußerst knappen Top zu tragen, welches mehr Einblicke bot, als es verhüllte. Ihre feisten Schenkel quollen unten aus superkurzen Jeanspants, während Bauch und Po ihren Weg nach oben aus der viel zu engen Hose fanden. An ihren Füßen, mit den grellrot lackierten Zehennägeln, trug sie lila Flipflops. Ihr langes, schwarzes Haar, das sie nach rechts gekämmt als Sidecut trug, kontrastierte stark mit ihrer bleichen, weißen Haut, den mit Schminke schwarz umrandeten Augen und den knallroten Lippen. Ein zu dicklich geratenes Schneewittchen, schoss es Ines wenig schmeichelhaft durch den Kopf. Die Nase des Mädchens sowie die linke Augenbraue zierten jeweils ein ringförmiges Piercing und entlang des gesamten hinteren Randes der Ohrmuscheln reihte sich ein Strassohrring an den anderen. Sie hatte es wegen fortgesetzter Eigentumsdelikte und mehreren Gang-Bang-Events, an denen sie als Hauptdarstellerin teilgenommen hatte, in diese Einöde verschlagen. Jeanette, so hieß sie, stammte aus Duisburg. Während des gesamten Fluges und der bisherigen Fahrt hatte sie kaum etwas gesagt, und das wenige, das sie von sich gegeben hatte, war wegen eines grauenhaften Slangs kaum verständlich gewesen. Zumindest, dass sie sich von den »beiden Spackos da« nichts, aber auch gar nichts würde sagen lassen, hatte Ines verstanden. Der Aufenthalt in Namibia ließ zumindest wegen Jeanette ein gewisses Unterhaltungspotenzial erwarten. Ein trostreicher Gedanke, verhieß er doch zumindest ein bisschen Abwechslung.

Sie selbst hatte beschlossen, zunächst einmal einen auf braves Mädchen und Unschuld vom Lande zu machen. Sie würde die Dinge entspannt auf sich zukommen lassen und alles genau beobachten, um sich dann auf die jeweilige Situation je nach Erfordernis einzustellen und adäquat reagieren zu können. Sie würde sich jedenfalls in keine Grüppchen oder Koalitionen hineinziehen lassen und versuchen, sich mit den Betreuern erst einmal gut zu stellen, soweit das auf komfortable Weise möglich wäre.

Ines hatte eine, bis kurz über die Knie reichende, olivfarbene Wanderhose, die sie einst von ihrer Oma geschenkt bekommen hatte, angezogen, dazu leichte Trekkingstiefel, in denen ihre Füße barfuß steckten sowie ein gelbes Funktionsshirt auf dessen Rücken in Schwarz »Brave Mädchen kommen in den Himmel, böse überall hin« gedruckt war. Über ihr wildes, brünettes Haar hatte sie einen olivgrünen Jeanshut, von der Machart dem ihrer Betreuerin ähnlich, gestülpt. Auf ihrer Nase prangte eine verspiegelte Sonnenbrille mit großen runden Gläsern.

Nach einer weiteren Stunde holpriger und klappriger Fahrt kamen sie in Zwaartwatersveld, dem Ziel ihrer Reise an. Unterhaltungs- und Zerstreuungsmöglichkeiten suchte man hier vergebens. Es handelte sich um eine größere Farm im Nirgendwo am Ende der Schotterpiste. Ringsherum bloß steppenartige Landschaft mit gelblichem Gras und Buschwerk aus Hakendornakazien. Dazwischen standen einzelne, verkrüppelte Bäume, über und über mit Staub bedeckt. Der heiße, leichte Wind trieb ab und an einzelne losgerissene Akazienbüsche über die sandige Ebene, die bis zum gelbdunstigen Horizont lediglich von Zäunen, bestehend aus Holzpfosten und Draht, durchzogen war. Es war ein Ort unbeschreiblicher Ödnis. Die über allem lastende Hitze machte das Ganze nicht gerade erträglicher.

Die Farm selbst bestand hauptsächlich aus einem ausladenden, gelblich verputzten gemauerten Herrenhaus mit großer Holzveranda und hölzernen, hellblauen Fensterläden, die jetzt in der Mittagshitze geschlossen waren. Um dieses Haupthaus herum gruppierten sich in loser Ordnung mehrere staubige Holzschuppen unterschiedlicher

Größe, in denen zum Teil, erkennbar an davor im Wind flatternder Wäsche, das Gesinde wohnte und wo, wie Ines befürchtete, auch sie untergebracht sein würden. Zum anderen Teil handelte es sich aber auch um Werkzeugschuppen und Stallungen, denn aus den größeren Gebäuden klang das Muhen von Kälbern. Daneben stand ein hölzerner Turm mit einem Windrad an der Spitze, welches sich im heißen Wüstenwind langsam drehte. Im Turm hing auch noch eine Glocke, die wohl Alarmzwecken diente. In seinem Sockel befand sich offensichtlich ein Tiefbrunnen, denn dort stand eine dieselgetriebene Pumpe, die vernehmlich brummte.

Vor dem Haupthaus hatte sich ein untersetzter, vierschrötiger Mann aufgepflanzt, die Hände tief in den Taschen vergraben, und musterte die Aussteigenden mit zusammengekniffenen Augen. Er wurde ihnen von ihren Begleitpersonen als Mr. De Bloom, Besitzer der Farm, vorgestellt und begrüßte jeden von ihnen mit einem geknurrten, knappen »Hello« und einem Händedruck seiner eindrucksvollen Pranken, die jedem Preisboxer alle Ehre gemacht hätte. Er trug einen hellbeigefarbenen Leinenanzug und hatte einen weißen Stetson tief in die Stirn geschoben, der seine dunkel gebräunte Gesichtshaut, die von Tausenden von Fältchen durchzogen war, besonders eindrucksvoll zur Geltung brachte. In der linken Hand hielt er eine imposante Zigarre, von der er von Zeit zu Zeit einen kräftigen Zug nahm, den er in dicken Wolken wieder ausblies.

»I'll show you to your rooms.«

Mit einer knappen Handbewegung hieß er der Gruppe, ihm zu folgen und teilte den beiden Mädchen – Ines hatte es geahnt – eine kleine Holzhütte zu. Zwischen den Brettern pfiff der heiße Wind hindurch, vor dem Eingang befand sich eine kleine, knarrende Holzveranda, deren einziger Luxus zwei wacklige Holzstühle waren, die darauf standen. In der Hütte befand sich rechts und links an der Wand je eine grobe hölzerne Bettstatt, darüber von der Decke hängend jeweils ein einfaches Mückennetz. Neben den Betten waren an der Wand ein paar Haken für Kleidung sowie zwei grob gehobelte hölzerne Regalbretter für persönliche Dinge angebracht. Gegenüber der Eingangstür befand sich ein Fenster mit milchigen Scheiben, die von außen mit zwei schief in den Angeln hängenden Holzläden verdunkelt werden konnten. Weitere Einrichtungsgegenstände waren nicht zu erkennen. Die beiden Jungs bekamen eine nahezu identische Hütte auf der anderen Seite des Haupthauses. Ihre Betreuer durften selbstverständlich im Haupthaus wohnen. Waschgelegenheit und WC befanden sich, wie sich gleich im Anschluss herausstellen sollte, in einigen 100 Meter Entfernung zu den Wohnhütten. Die Männer durften rechts, die Frauen links, mit einer jeweils notdürftig zusammengenagelten Bretterbude vorliebnehmen, in der sich eine Art Stehklosett befand, mit darunterliegender Sickergrube. Aus dieser erhoben sich bei jedem Austritt bedrohlich surrende Schwärme grün schillernder Fliegen. An der gegenüberliegenden Wand befand sich etwas über Kopfhöhe ein Wasserrohr mit einem Absperrhahn, aus dem sich, wenn man ihn öffnete, warmes rostiges Wasser aus einem oben auf dem Dach des Verschlages angebrachten runden Plastiktank ergoss. Bei dieser Konstruktion handelte es sich ganz offensichtlich um die Dusche. Weitere Einrichtungsgegenstände fanden sich auch hier nicht, sah man einmal von einem Stapel klein geschnittener Zeitungspapierecken ab, der sich neben dem Stehklosett befand und bei dem es sich wohl um das Toilettenpapier handeln sollte. Der Gestank war im Übrigen bestialisch.

»*Ey, dat gönnt ihr gomblett knicken, da bleib isch nich.*«

Schwer schnaufend drehte sich Jeanette auf der Schwelle des Toilettenverschlages um und steuerte energischen Schrittes, ihre Reisetasche in der rechten, ihren Trolley in der linken Hand, Richtung Haupthaus, wo sie den Bus wusste. Unglücklicherweise war dieser zwei Minuten vorher bereits wieder abgefahren, sodass nach kurzer Zeit Jeanettes lautes Schreien und Kreischen in Fetzen vom Haupthaus herüberwehte. »*Leck mich am Arsch*« *und* »*Fick dich*« *waren hierbei noch die harmlosesten Ausdrücke. Schließlich war Ellens resolute Stimme in schneidendem Tonfall zu vernehmen. Was genau gesprochen wurde, konnte Ines nicht verstehen, jedenfalls erstarb das Geschrei und Jeanette kam Sekunden später mit hochrotem Kopf und höchst beleidigtem Gesichtsausdruck mit ihrem Gepäck in den Händen wieder angetrottet. Sie verschwand fluchend in der gemeinsamen Wohnhütte, allerdings nicht, ohne die Eingangstür demonstrativ heftig zuzuknallen, nachdem sie vorher einem der Stühle auf der Terrasse einen kräftigen Tritt verpasst hatte, sodass er in hohem Bogen ins angrenzende Gebüsch geflogen war.*

Nun also waren sie offiziell in Afrika angekommen.

In den folgenden Tagen wurden sie von ihren Betreuern nach und nach an ihre Aufgaben herangeführt. Im Wesentlichen bestanden diese darin, dem Farmer bei der Kontrolle und gegebenenfalls den Reparaturen der Zäune zu helfen, die das gut 100.000 Hektar große Grundstück in einzelne Weideflächen unterteilten. Auf den Weideflächen weidete eine schier unübersehbare Menge von mageren Rindern. Für ihre Arbeiten wurden jeweils zwei der Jugendlichen einem Farmarbeiter zugeteilt, der mit einem Pick-up, auf dessen Ladefläche sich ein Stapel Zaunpfosten, ein großer Schlägel und Drahtrollen befanden, das Gelände abfuhr und, wo auch immer Schäden erkennbar waren, anhielt, um diese unverzüglich zu reparieren. Außerdem mussten die Ränder des Farmlandes zu Pferd umritten und ebenfalls kontrolliert werden. Weitaus unangenehmer war ein weiterer Bestandteil ihrer Pflichten, nämlich die Beseitigung der Verbuschung, die, wenn man nichts dagegen unternahm, das Weideland allmählich zurückdrängte. Es wuchsen überall diese rundlichen, teuflischen Büsche von Hakendornakazien, die ihnen bei ihrer Ankunft bereits aufgefallen waren. Diese entzogen dem Gras die ohnehin spärliche Feuchtigkeit und wurden sogar von den Rindern wegen ihrer scharfen Dornen verschmäht. Ihre Aufgabe war es nun, von Weideabschnitt zu Weideabschnitt diese Büsche, wenn nötig mit Hacken auszugraben oder auszureißen und dann zu verbrennen. Dazu hatte man ihnen zwar Arbeitshandschuhe ausgehändigt, die Dornen waren aber so scharf, dass nach kurzer Zeit Hände und Arme von oben bis unten zerkratzt waren.

Natürlich war dies vor allem in der Anfangszeit von großem Gezeter, vor allem von Jeanettes Seite, begleitet gewesen. Auch die

Brüder hatten sich zunächst kategorisch geweigert, auch nur einen Busch auszureißen, aber intensive Einzelgespräche mit Ellen hatten schließlich zum gewünschten Erfolg geführt, sodass letzten Endes alle mit mehr oder minder großem Eifer bei der Sache waren.

Allabendlich fand eine verpflichtende Gruppensitzung unter der Leitung von Herbert statt, bei der man die Vorkommnisse und Erlebnisse des Tages Revue passieren lassen konnte. Dort wurde allen die Gelegenheit gegeben, aufgetretene Konflikte oder Probleme sofort, entweder in großer Runde oder in nachfolgenden Einzelgesprächen, zu besprechen. Dies erwies sich für das allgemeine Klima als recht zuträglich, sodass schließlich sogar so etwas wie ein Gemeinschaftsgefühl, ja Freundschaft, unter den vier Jugendlichen entstand. Zwischen Tom und Jeanette, mit der sich Ines zunehmend besser verstand, hatte sich sogar eine Art Liebesbeziehung angebahnt.

Ines hatte das Gefühl, dass es ihr mit jedem Tag besser ging. Der innere Drang Tiere oder Menschen zu quälen, war, auch weil die Stimme nun gänzlich verstummt war, so gut wie verschwunden und auch sonst hatte sie keinerlei Lust mehr etwas Unrechtes oder Ungesetzliches zu tun, was sie anfänglich sehr verwunderte, war es doch bis vor Kurzem noch so völlig anders gewesen. Kurz, sie erkannte sich selbst nicht wieder.

Allein Herbert machte ihr zusehends Sorgen. Während er sich in den ersten Wochen ihres Aufenthalts auffallend an Ellen herangemacht hatte, hatte sich, nachdem er bei dieser abgeblitzt war, sein Interesse Ines zugewandt. Er verfolgte sie mit glühenden Blicken und sie meinte diese Blicke, mit denen er sie nach eigenem Empfinden förmlich auszog, sogar körperlich in ihrem Rücken zu spüren. Bei den abendlichen Besprechungen suchte er ihre Nähe und beeilte sich auffällig, im Sitzkreis neben ihr zum Sitzen zu kommen. Von Zeit zu Zeit gelang es ihm sogar, sie beim Vorbeigehen verstohlen zu berühren. Einmal hatte sie ihn dabei ertappt, als er hinter ihrer Toilettenbaracke herumgelungert war, just zu dem Zeitpunkt, als sie duschen wollte. Sie wusste sich daraufhin keinen anderen Rat mehr, als sich im Vertrauen an Ellen, die Betreuerin, zu wenden. Sie reagierte mit ausgesprochen einfühlsamem Verständnis, was Ines von dieser robusten Frau nicht erwartet hätte.

Nach einem offenbar ernsten Gespräch mit Ellen war Herbert etwas auf Distanz gegangen. Ines meinte allerdings in Momenten, in den er sich unbeobachtet fühlte, in Herberts Augen neben Begierde auch Funken von Hass zu erkennen.

Eines Nachts waren am hinteren Ende des Farmlandes, Dutzende Meilen vom Haupthaus entfernt, wo sich das Land in unendlicher Steppe und schließlich in weiter unwegsamer Wüste verlor, Viehdiebe ins Weideland eingedrungen, hatten den Zaun zerstört und einige Rinder mitgenommen. Die Untat war erst auf einem Kontrollritt von einem der Farmarbeiter am Nachmittag des darauffolgenden Tages entdeckt worden, sodass der Schaden noch am gleichen Abend repariert werden musste, um ein Entkommen weiterer Rinder von der Weide zu verhindern.

Ein Farmarbeiter, Mokele mit Namen, bot an, mit dem Pick-up noch einmal hinauszufahren. Ines wurde ihm als Hilfe zugeteilt. Als sie gerade eben losfahren wollten, kam Herbert aus dem Haupthaus herausgestürzt. Er wolle ebenfalls mitfahren, man könne schließlich jeden Mann gebrauchen. Noch ehe Ines sich versah, war er bereits in den Pick-up geklettert und hatte sich neben sie gesetzt. Nach einstündiger, unruhiger Fahrt über eine, bis zum Ende des Farmlandes reichende schmale, sandige Buckelpiste hatten sie schließlich, über und über mit Staub bedeckt, ihr Ziel erreicht. Auf einer Länge von etwa 100 Metern war der Zaun niedergerissen und die Pfähle zum Teil herausgezogen, zum Teil abgebrochen worden. Fahrzeugspuren führten vom Ort des Geschehens in die Steppe hinein. Herbert bot Mokele an, er und Ines könnten ja einstweilen den Zaun reparieren, während Mokele inzwischen den Fahrspuren mit dem Pick-up folgen könne, vielleicht könne er so noch etwas über die Übeltäter herausfinden. Dieses scheinbar großzügige Angebot nahm Mokele gerne an, hatte die Farm doch in letzter Zeit in zunehmender Häufigkeit unter dreisten Viehdiebstählen zu leiden. Vorsichtshalber nahm er die geladene Waffe mit, die sich in jedem Pick-up der Farm befand. Nachdem sie die Ersatzpfähle, Draht und den Schlägel ausgeladen hatten, machten sich Ines und Herbert daran, den Zaun zu reparieren. Mokele schwang sich wieder in seinen Pick-up und verschwand mit lautem Gepolter in einer großen, noch langen sichtbaren Staubwolke. Schließlich war wieder die übliche, von tausend Zikaden lärmende Stille eingekehrt, und während die Sonne glutrot hinter den orangedunstigen Hügeln versank, hatten Ines und Herbert ihre Arbeit fast beendet, ohne dass Mokele zurückgekommen war.

Während Ines sich über einen Pfahl beugte, um den letzten Draht zu befestigen, bemerkte sie plötzlich, wie Herbert hinter sie getreten war. Und noch ehe sie ein Wort sagen konnte, hatte er seine Hände unter ihr Shirt geschoben und mit kräftigem Griff nach ihren Brüsten gegrapscht. »Heh, spinnst du?!«, Ines wollte sich gerade umdrehen, als sie einen kräftigen Faustschlag ins Gesicht erhielt, der sie von den Beinen riss und in einen Dornenbusch schleuderte. Im Nu war Herbert über ihr, packte sie an den Beinen und zerrte sie aus den Dornen. Ines spürte, wie ihr die Haut vom Rücken gerissen wurde. Herbert hatte sein Glied bereits entblößt. Er hielt den linken Arm auf ihren Hals gepresst, dass ihr die Luft wegblieb, während er ihr mit der rechten Hand ihre Shorts und den Schlüpfer nach unten riss. Die verzerrte Fratze ihres Vaters blickte sie in diesem Moment aus Herberts Gesicht an und brachte sie dazu, in einer letzten Kraftanstrengung, ihre Arme zu befreien. Sie griff nach der Fratze und spürte unter ihren Daumen die Augen, in die sie mit aller Kraft ihre Nägel hineinstieß. Ein leises Schnappen und eine warme, gallertige Flüssigkeit tropften ihr über beide Hände. Mit einem unmenschlichen Brüllen ließ Herbert von ihr, richtete sich auf und griff sich an beide Augen, aus denen eine mit Blut vermischte Substanz wie Eiweiß floss. Blind, wie er jetzt war, drehte er sich um und taumelte schreiend in die rasend schnell hereingebrochene afrikanische Nacht. Sein Brüllen, das Rascheln des Grases und das Knacken der Dornbüsche unter seinen Füßen verloren sich langsam in der Ferne.

Ines spürte, wie ihr das warme Blut unter dem zerfetzten Shirt *den Rücken hinunterlief. Wie in Trance hatte sie Höschen und Shorts wieder angezogen, Gesicht und Hals pochten vor Schmerz. Mehr kriechend als gehend hatte sie die Schotterpiste wiedergefunden und hangelte sich nun weinend, mit nachlassenden Kräften den Drahtzaun, der die Piste vom Weideland abgrenzte, entlang in die Richtung, in der sie die Farm vermutete. Nach einer schier endlosen halben Stunde hörte sie entfernte Fahrgeräusche und sah den Lichtkegel von Scheinwerfern, durch den der Staub der Nacht tanzte. Wenig später war Mokele bei ihr. Entsetzt hatte er sie rasch ins Auto gehoben und fuhr mit ihr, so schnell es die Piste und der Pick-up zuließen, zum Farmhaus.*

Auf Mokeles lautes Hupen hin, kam Ellen sofort aus dem Haupthaus gestürzt und hatte mit einem einzigen Blick die Situation direkt erfasst. Mit ihren kräftigen Armen trug sie Ines schnell, bedacht darauf, kein Aufsehen zu erregen, in ihre eigene Unterkunft im Haupthaus. Dort wurde Ines von Ellen gründlich gewaschen und geduscht. Erst als ihre Wunden versorgt und verbunden waren und sie frische Kleidung angezogen hatte, war Ines in der Lage, ihrer Betreuerin bruchstückhaft das Erlebte zu schildern. Es tat ihr unendlich gut, währenddessen von Ellen in den Arm genommen und leicht gestreichelt zu werden. Mit Erstaunen registrierte sie, um wie viel zärtlicher, einfühlsamer und wohltuender sie die Nähe einer Frau empfand. Und es tat ihr im Herzen weh, dass es Frauen waren, die bisher unter ihr hatten leiden müssen. Angefangen bei ihrer Nachbarin und deren Hund, über ihre Freundin, die sie in den Tod getrieben hatte, bis hin zu ihrer Oma, der es schier das Herz zerrissen hatte, als das Jugendamt sie abgeholt hatte. Kurz darauf war ihre Oma auch noch an einem Herzinfarkt verstorben. Seitdem die Tabletten bei ihr wirkten, fühlte sich Ines maßgeblich dafür verantwortlich. Und sie schwor sich, während sie bitterlich weinend ihr Gesicht in Ellens Brust vergrub, dass sie fortan würde achtsam gegenüber ihren Geschlechtsgenossinnen sein. Die Lust auf Männer war ihr endgültig vergangen und sie konnte sich nicht vorstellen, dass dies in Zukunft je wieder anders werden würde.

Über die Richtung, in der Herbert in der Steppe verschwunden war, hatte sie im Übrigen bewusst falsche Angaben gemacht, so viel Rache musste denn doch sein. Bei den in den nächsten Tagen folgenden Suchaktionen konnte daher weder Herbert selbst noch seine Leiche oder irgendwelche Habseligkeiten von ihm gefunden werden. Erst viele Jahre später wurde von einem Wildhüter ein menschlicher Schädel entdeckt, man erinnerte sich wieder an den damaligen Vermisstenfall und es wurde eine DNA-Untersuchung vorgenommen, die Herberts Identität bestätigte. Von all dem hatte Ines nichts mehr mitbekommen. Auf Ellens Veranlassung hin durfte sie frühzeitig zurückreisen und wurde in einer nur von Frauen betreuten weiblichen Wohngemeinschaft untergebracht.

SPÄTSOMMER 2015 II

MAX HATTE DIE Idee gehabt, der Stadt und dem Oktoberfest zu entfliehen. Er lud Gerti ein, ihn in seinen Heimatort Niedermönchsbach, einem hauptsächlich vom Hopfen- und Kartoffelanbau lebenden, winzigen Dorf im Umfeld des fränkischen Seenlandes, zu begleiten. Max wollte seine Eltern besuchen, und da Gerti an diesem Wochenende nichts weiter vorhatte, nahm sie sein Angebot dankbar an.

Max Vater war ein knorriger mittelfränkischer Hopfenbauer. Ein gebildeter Mann, wortkarg zwar, aber das wenige, das er zu sagen hatte, hatte Gewicht. Seit Jahren bekleidete er, unter anderem deshalb, das Amt des Ortsvorstehers und das Ehrenamt eines Feldgeschworenen. Sein nahezu kahles Haupt war von einem spärlichen, grauen Haarkranz gesäumt und aus einem runden Gesicht mit einer knolligen Nase blitzten schalkhaft kleine, hellblaue Augen. Er war eher klein und untersetzt und hatte einen kugeligen Bauch getreu dem alten fränkischen Motto »ein Mann ohne Bauch ist ein Krüppel«.

Seine Ehefrau hingegen war hochgewachsen und schlank. Sie war deutlich größer als ihr Mann und hatte ein schmales, asketisch wirkendes Gesicht mit einer langen, gebogenen Nase. Ihr braunes Haar hatte sie streng zu einem großen Dutt nach hinten gebunden. Sie war eine freundliche, kluge Frau und hatte als Tochter eines Großgrundbesitzers aus der nördlichen Oberpfalz in das kleine Niedermönchsbach eingeheiratet.

Max hatte noch einen Bruder, Rudolf, den aus unerfindlichem Grund alle Bobi nannten. Er war drei Jahre älter als Max und hatte Geschichte und Politologie studiert. Nach Max Erzählungen war er ein Frauentyp und hatte während seines Studiums, wie man so schön sagt, nichts anbrennen lassen und dadurch eine ganze Reihe gebrochener Herzen hinterlassen. Nach Beendigung seines Studiums hatte er eine in der grün-alternativen Szene engagierte Frau kennengelernt und sich dazu entschlossen, sesshaft zu werden, in den elterlichen Hof mit einzusteigen und diesen langsam und in kleinen Schritten in einen, nach streng ökologischen Kriterien wirtschaftenden Betrieb umzuwandeln. Sein Vater war davon zu Anfang wenig begeistert. Erst nach vielen Diskussionen hatte Bobi seinem Vater schließlich das Zugeständnis abgerungen, wenigstens den Hopfenanbau nach seinen eigenen Vorstellungen durchführen zu dürfen. Prompt fand er auch eine Brauerei, die sich der ökologischen Idee verpflichtet fühlte und die sich vertraglich als Dauerabnehmer seines Hopfens verpflichtete, was ihm den Respekt seines Vaters einbrachte und dazu führte, dass er ab diesem Zeitpunkt wesentlich freiere Hand in seinen geschäftlichen Entscheidungen hatte.

Bobi war von athletischer, etwas untersetzter Statur. Unter seiner leicht gebogenen Nase kam ein energisches Kinn zum Vorschein. Seine Stimme war laut, rau und nicht unangenehm. Seine tiefbraunen Augen schauten ruhig zwischen seinen schwarzen Locken hervor. Er liebte das Leben, die Frauen und den Wein, war ein brillanter Unterhalter und Anekdotenerzähler. Erst in der Beziehung zu seiner Lebensgefährtin war er etwas zur Ruhe gekommen. Diese hieß Salome und sie hatten sich während seines Studiums in Regensburg auf einer Antikernkraftdemo kennengelernt. Sie war das, was man gemeinhin unter einem Paradiesvogel verstand und kleidete sich in ungemein bunte, luftige, oft weit wallende Gewänder aus streng ökologischer Produktion. Ihre zumeist nackten Füße steckten meist in Ledersandalen.

Salome hatte ein ovales, freundliches Gesicht, flaschengrüne, leicht schräg stehende Augen und lange, dicke, zu Dreadlocks gefilzte, braune Haare. Ihre Stimme war voll und warm. Sie sprach langsam und bedächtig, als müsse sie sich jedes Wort zweimal überlegen.

Max Vater ließ es sich nicht nehmen, Gerti höchstpersönlich mit stolzgeschwellter Brust durch seinen Bauernhof zu führen, der in der Tat eine beeindruckende Größe hatte. Allein das Wohnhaus war größer als jedes, das Gerti jemals zuvor gesehen hatte. Mit gut 25 Metern Länge und mit unzähligen Fenstern bot das dreistöckige Haus, gebaut aus gelbrotem Sandstein, mit seinem steilen schindelgedeckten Dach einen beeindruckenden Anblick. Es beherbergte unzählige Zimmer, die sich im ersten und zweiten Obergeschoss entlang langer Flure aufreihten, während sich im Erdgeschoss eine Küche von erstaunlicher Größe, ein riesiges Esszimmer sowie ein noch größeres Wohnzimmer befanden. Alle Räume waren geschmackvoll mit alten Holzmöbeln eingerichtet.

Im Wohnzimmer stand ein altes Klavier mit zwei bronzenen, ausklappbaren Kerzenhaltern, auf denen jeweils eine Kerze steckte. Davor saß ein älterer, ärmlich gekleideter Mann mit schütterem, grauem Haar, der eine einfache Melodie intonierte und dazu aus voller Kehle »Brüderlein, komm tanz' mit mir« sang, sodass man in seinem weit geöffneten Mund die letzten verbliebenen zwei braunen Zahnstummel sehen konnte.

»Des is' des Herbertla, unser alter Knecht, der had sei Hirn nimmer ganz beianander, der derf bei uns wohna bleim, bis a stirbt«, ließ sich Max' Vater leise vernehmen.

»Schau Madla, des san unsere Erdepfl – und Hopfnlaacha«, sagte Max Vater und schob sie nach diesem musikalischen Intermezzo zur Tür hinaus, um ihr auch noch die restlichen Gebäude zu zeigen.

Max Vater deutete, nachdem sie das Wohnhaus verlassen hatten, auf zwei gewaltige gemauerte Scheunen, die als Kartoffel- und Hopfenlager dienten.

»Unsa Erdepfl genga in Knedlafabrik im Nachbardorf, da machns de goudn fränggischn Knedla draas«, was so viel heißen sollte, wie, dass sie in der örtlichen Knödelfabrik einen Dauerabnehmer ihrer Kartoffeln hatten.

Gerti war nach Führungsende schwer beeindruckt. Sie stammte zwar auch aus einer landwirtschaftlich geprägten Gegend der nördlichen Oberpfalz, aber Bauernhöfe dieser Größenordnung waren schon noch einmal ein anderes Kaliber, als das, was sie von zu Hause gewöhnt war.

Anschließend trafen sich alle zum Kaffeetrinken im Wohnzimmer. Man saß unter einem Kristallleuchter von exorbitanter Größe an einem langen Holztisch, der mit feinem, geblümtem Porzellan gedeckt war. Es dauerte nicht lange und man kam auf das Lieblingsthema von Max Bruder, die Eurokrise, zu sprechen.

Bobi war der Meinung, dass diese, trotz aller Zinssenkungsmaßnahmen der EZB und der enormen Geldflut, die in den Markt gepumpt wurde, noch lange nicht ausgestanden sei. Ganz im Gegenteil, man habe das Schlimmste noch vor sich, dozierte er, er erwarte einen Börsencrash gigantischen Ausmaßes, gefolgt von einem Auseinanderbrechen der Eurozone und einer Rückkehr der europäischen Länder zu ihren früheren Währungen. Diese Turbulenzen würden die EZB und der Internationale Währungsfonds zu einer vorher nicht angekündigten, konzertierten Geldentwertung nutzen, um die Staaten auf einen Schlag zu entschulden. Und das alles nur, weil die Einzelstaaten der Eurozone zu selbstsüchtig und deren Politiker zu unfähig und teilweise auch von Lobbyisten, Banken und Wirtschaft zu korrumpiert gewesen waren, um dafür Sorge zu tragen, dass ihre eigenen, ja eigentlich in vielen Verträgen festgelegten, durchaus sinnvollen Stabilitätskriterien rigoros angewendet wurden.

»Drum gebt euer Geld aus und spart es nicht, solange ihr noch welches habt«, schloss er seine Ausführungen und erntete dafür einen in Bewunderung schmachtenden Blick seiner Freundin. Auch Gerti kam nicht umhin, seine Argumentation logisch und in sich schlüssig zu finden, auch wenn ihr beim Gedanken an ihr ungeborenes Kind deswegen angst und bange wurde.

»Jetzt mechts dem armen, schwangern Madla nicht soura

Angst, red ma vo was Schäinan«, ließ sich Max Mutter, gerade so, als hätte sie Gertis Gedanken erraten, vernehmen.

Nach diesem Machtwort wurde schnell das Thema gewechselt und man unterhielt sich über Max' Studium, das Wetter und diverse andere landwirtschaftliche Themen.

Anschließend spielte und sang das Herbertla, der bis dahin schweigend dabeigesessen hatte, noch einmal zum Abschied »Brüderlein komm tanz` mit mir«. Schließlich war es auch schon wieder Zeit aufzubrechen, allerdings nicht bevor Max einen großen Korb voller Leckereien, Kuchen, Würste, Brot und allerlei mehr von seiner Mutter in den Arm gedrückt bekam und auch Gerti mit derlei Dingen mehr als großzügig bedacht wurde.

Beim Hinausgehen erblickte Gerti aus den Augenwinkeln im Flur eine Zeitung, die auf dem Telefonbänkchen lag, mit einem Portrait eines Mannes auf der Titelseite, der ihr mehr als bekannt vorkam.

RÜCKBLICK

myrevengeday.it

B*ASTIAN VERFLUCHTE SICH und den Tag, an dem er dieser Schlampe Gewalt angetan hatte, aus tiefstem Herzen. Was hatte er sich auf dem Kommersabend seiner Burschenschaft auch so volllaufen lassen müssen. Aber man kannte das ja. Die ritualisierten Trinkspiele, das Auf-Ex-Trinken und eine gehörige Portion Gruppendynamik. Und dann war da auch noch diese schwangere Tusse in seiner WG aufgekreuzt, um die alle anderen einen Mordsaufstand veranstaltet hatten. Ganz zu schweigen davon, dass ihm Karin, mit der er seit fünf Jahren zusammen war, kurz vorher den Laufpass gegeben hatte. Es war zum Kotzen. Er war sich ihrer so sicher gewesen. Sie kam aus einfachem Hause, entstammt einer Arbeiterfamilie, er ein Medizinstudent, seine Eltern wohlhabende Geschäftsleute. Er hätte ihr ein sorgloses Leben bieten können, sie hätte sich nur etwas kooperativer zeigen müssen. Aber nein, sie war nicht einmal mit seinen Bundesbrüdern klargekommen. Immer wieder hatte sie sich über deren rechte Einstellung beklagt. Faschistoid hatte sie gesagt. Für sie waren das vorlaute, dumpfköpfige, versoffene, elitäre, aufgeblasene Studentenbeutel gewesen. Leider ein paar Adjektive zu viel, liebe Karin! Als er sich dann auch noch das Wappen seiner Verbindung auf die Schulter hatte tätowieren lassen, hatte sie ihm eine Riesenszene gemacht, ihn einen ausgewachsenen Hohlkopf, ja ein Arschloch genannt und die Beziehung Knall auf Fall beendet.*

An jenem unseligen Abend hatte er also versucht, den Riesenfrust, den er hatte, in Alkohol zu ertränken. Weit nach Mitternacht hatte er dann das Verbindungshaus verlassen und war durch die dunklen Straßen entlang des kleinen Parks, der an das Haus grenzte, Richtung U-Bahn-Station getorkelt. Er konnte sich gerade noch daran erinnern, dass er sich am schmiedeeisernen Zaun des Parks hatte festhalten müssen. Nicht nur einmal hatte er sich übergeben müssen, sogar auf seine neue, sauteure Designer-Jeans hatte er gekotzt, aber danach ging es ihm deutlich besser. Der Abend war lau gewesen, die Luft voller verheißungsvoller Düfte. In der Ferne war soeben das glockenhelle Lachen einer ganz offensichtlich glücklichen jungen Frau zu hören gewesen. Nur er war unglücklich und allein in dieser verfluchten Sommernacht. Er folgte dem Lachen, bis er die Frau in der Dunkelheit erspähte. Sie lief, ihr Telefon am Ohr, durch den Park. Sie war zierlich, hatte eine enge Jeans und eine leichte Bluse an, über die sie irgendein Jäckchen geworfen hatte. Er hatte nur Augen für ihren Hintern gehabt, der da vor ihm auf und ab wackelte. Sicher hatte sie einen Freund, der nur darauf wartete, dass sie nach Hause kam und er sie dann ficken konnte. Der Gedanke nüchterte ihn auf einen Schlag aus und er begann, schneller zu gehen. Als er ganz nah hinter ihr war, konnte er den leichten Zitrusduft, den ihr Parfüm verströmte, riechen. An das, was dann kam, konnte er sich auch jetzt, nach all der Zeit, kaum mehr erinnern. Er wusste noch, dass er versucht hatte, sie von hinten zu umfassen, sie küssen wollte, doch die Schlampe hatte sich gewehrt. Da war es über ihn gekommen, er hatte die Kontrolle verloren, war wie von Sinnen gewesen. Als er wieder zu sich kam, lag sie wimmernd in einer dunklen Ecke des Parks unter einem Gebüsch, Hose und Schlüpfer waren heruntergerissen, ihre Bluse zerrissen, sie blutete aus Mund und Nase. Rasch zog er sich seine Hose, die unter seinen Knien hing, wieder hoch und machte sich davon. Die Schlampe ließ er liegen. Selbst schuld, wenn sie nachts ganz allein in der Stadt herumläuft. Er wusste nicht, wie er nach Hause gekommen war. Er wusste nur noch, dass er mindestens einen Tag durchgeschlafen hatte und in seinem Bett aufgewacht war, in das ihn einer seiner Mitbewohner gebracht haben musste. Kurz darauf hatte er dann diese Frau kennengelernt und war aus der WG ausgezogen, endlich, denn die Leute dort waren ihm mächtig auf den Keks gegangen.

✟

Nun saß er nackt und zitternd in seinen Exkrementen, eingesperrt in diesen, aus dicken, schwarzen Eisenstangen zusammengeschmiedeten Käfig in dieser versifften, verdunkelten Wohnung in diesem verdammten Rom. Sein rechter Arm, dessen Handgelenk in einer dicken Eisenschelle steckte, war mit einer Kette an einer der Käfigstangen befestigt. Es stank bestialisch. Die Brandwunden, die sie ihm mit ihren Zigaretten am gesamten Oberkörper zugefügt hatten, schmerzten wie Feuer und seine rechte Brust blutete immer noch. Gestern hatten sie ihm mit einer Zange die halbe Brustwarze ausgerissen. Er hatte vor Schmerz gebrüllt wie ein Stier, bis er ohnmächtig zusammengebrochen war. Als er wieder aufwachte, saßen sie erwartungsvoll vor dem Käfig, jede ein Glas Prosecco in der Hand, um ihm auf unsägliche Weise wieder und wieder ebendas anzutun, was er der Frau angetan hatte. Zwei der maskierten Frauen hatten ihn festgehalten, während eine es getan hatte. Währenddessen hatten sie ununterbrochen gelacht. Und nun würden sie bald wiederkommen. Von namenlosen Grauen erfasst, fing er zum ersten Mal in seinem Leben an zu beten und flehte voller Inbrunst zu Gott, dass der erlösende Tod rasch kommen möge.

In seinem dröhnenden Schädel formte sich das Bild der etwa dreißigjährigen, zierlichen, brünetten Frau, die er kurz vor seinem Auszug aus der WG kennengelernt hatte. Nein, das war nicht ganz richtig. Sie hatte ihn vor dem Verbindungshaus seiner Burschenschaft angesprochen, ihn um Feuer für ihre Zigarette gebeten. Gemeinsam waren sie dann noch in ein Café gegangen. Die Frau war ihm sofort sympathisch gewesen. Das erste, das ihm aufgefallen war, waren ihre intensiv blauen Augen, wie dunkler Aquamarin. Sie schien damit durch ihn hindurch bis in sein Innerstes blicken zu können. Ihm hatte trotz der Sonnenwärme gefröstelt, denn das, was sie dort hätte sehen können, war wenig schmeichelhaft. Als sie anfing, mit ihrer warmen Stimme munter drauflos zu plaudern, verflüchtigte sich dieses beklemmende Gefühl schnell und wich einer gelösten, heiteren

Stimmung. So gut hatte er sich schon lange nicht mehr unterhalten. Gemeinsam waren sie dann mit der S-Bahn zu ihrem Häuschen in einem der südlichen Vororte Münchens gefahren. Es waren nicht viele Worte nötig gewesen. Er hatte ganz deutlich gespürt, dass sie genau wie er auf Sex aus war. In ihrem kleinen Vorstadthäuschen waren sie dann auch sofort zur Sache gekommen. Sie hatten sich die Kleider vom Leib gerissen und es noch nicht einmal ins Schlafzimmer im ersten Stock geschafft. Der Sex, der folgte, war vulgär, dreckig, gigantisch, animalisch – er hätte noch tausend andere Worte dafür finden können, ohne dass diese es auch nur annähernd hätten beschreiben können. Noch nie hatte er in seinem Leben Ähnliches erlebt. Er war dieser Frau von der einen auf die andere Sekunde verfallen. So hatte er seine Tage in den folgenden Wochen ausschließlich mit dieser Frau verbracht. Auf ihre Anregung hin war er aus seiner WG aus- und bei ihr eingezogen, hatte fast nicht mehr geschlafen oder gegessen und sogar sein Studium und seine Burschenschaftsverpflichtungen vernachlässigt. Alles, was in diesen Tagen zählte, war dieser unglaubliche Sex. In der Früh, am Mittag und Abend, ununterbrochen. Er hatte nicht genug bekommen können davon. Seine neue Freundin war nahezu immer da, hatte immer Zeit für ihn. Dass sie keiner geregelten Arbeit nachging, wunderte ihn zu diesem Zeitpunkt nicht. Eines Tages hatte sie dann die Idee mit dem Liebesausflug nach Rom gehabt.

Rom. Seitdem er das letzte Mal mit seinen Eltern als Achtjähriger dort gewesen war, wollte er dort wieder hin. Dunkel konnte er sich noch an große, freundliche Plätze mit plätschernden Brunnen erinnern. An düstere Kirchen, durch deren Fenster sich helle Sonnenstrahlen, die im Staub flirrten, Bahn brachen, um sich in goldenen Ornamenten zu spiegeln. Das und dazu dann noch diese Frau … Er war hin und weg von der Idee und sofort einverstanden gewesen.

Sie hatten bereits den nächsten freien Flug genommen, waren von München aus über die in strahlendem Frühherbstlicht liegenden Alpen geflogen und am Nachmittag in Rom, Fiumicino, gelandet. Dort erwartete sie eine brütende Hitze. Das Taxi, das sie in die Innenstadt brachte, war glücklicherweise klimatisiert, sodass sie während der etwa halbstündigen Fahrt nicht gänzlich austrockneten. Das Altstadthotel, das seine Freundin gebucht hatte, befand sich in einem schmalen rötlichen Renaissancebau mit hohen Fenstern, die von grünen Läden geschützt waren. Alles erwies sich, so schien es ihm, zumindest zu diesem Zeitpunkt, als wahrer Glücksgriff. Das Haus lag im Zentrum Roms, in der Nähe der Piazza Navona. Ihr Zimmer war ein romantischer Traum in sonnenblumengelb und weiß, und noch bevor sie sich den Staub der Reise von den Körpern duschten, schliefen sie miteinander. Anschließend wollte seine Freundin mit ihm einen romantischen Bummel durch die sich langsam abkühlenden, schattigen Gassen der Altstadt unternehmen. Dazu hatte sie, während er sich duschte, zwei Flaschen Champagner organisiert. Nachdem seine Freundin ebenfalls geduscht und sich umgezogen hatte, waren beide, den Champagner im Gepäck, losgezogen und durch die unzähligen schmalen Gassen der Altstadt geschlendert. Seine Freundin war offenbar schon öfter in Rom gewesen, denn sie führte ihn zielstrebig zu einem kleinen abgelegenen, verwunschen-romantischen Platz. In einer Nische zwischen zwei hohen dunklen Häusern stand ein kleines, mit den Köpfen zweier drachenhafter Fabelwesen geschmücktes gotisches Kalksteinbänkchen unter einer Palme. Dort schmiegten sie sich eng aneinander und sie reichte ihm die Champagnerflasche. Das Nächste, an das er sich erinnerte, war, dass er in diesem verdammten Käfig, in diesem stinkenden Zimmer, erwachte. Er war splitterfasernackt und seine Freundin nirgendwo zu sehen.

Rasselnd drehte sich der Schlüssel im Schloss und er hörte weibliche Stimmen, die sich auf Italienisch unterhielten, lachten und rasch näherkamen. Sie waren zurückgekommen. »Vater unser, der du bist im Himmel …« Unsägliches Entsetzen packte ihn, während das Unausweichliche ihn in seine schwarzen Arme nahm und mit sich fortriss.

†

Ines hatte keine andere Wahl gehabt. Das Schwein hatte für seine Tat büßen müssen. Alles andere wäre ihrer toten Freundin gegenüber nicht fair gewesen. Die Stimme in ihrem Kopf hatte dies eindringlich und unmissverständlich von ihr verlangt. Sie hatte einige Tage darüber gebrütet, wie sie ihre Rache bewerkstelligen könnte, und war dann mehr oder weniger zufällig mithilfe des sogenannten Darknets, des dunklen, geheimen Zwillings des Internets, auf diese Internetadresse »myrevengeday.it« gestoßen. Die Seite warb dafür, derlei Vorhaben diskret in die Wege leiten zu können und bei deren praktischer Durchführung in jeder Form behilflich zu sein. Dahinter stand ein im Dunkeln operierendes, weltweites weibliches Netzwerk, spezialisiert darauf, männlichen Gewalttätern und Vergewaltigern das zurückzugeben, was sie ihren weiblichen Opfern angetan hatten, bevorzugt in den Fällen, in denen staatliche Organe weder Willens, noch in der Lage waren, für Gerechtigkeit zu sorgen. Die Kontaktaufnahme mit den zuständigen Leuten war ihr eben über dieses Darknet gelungen, nachdem ein Bekannter aus früheren Tagen ihr diesen Tipp gegeben und ihr einen entsprechenden Tor-Browser empfohlen hatte. Ihr Kontakt auf der Webseite versicherte ihr, dass die Durchführung des Vorhabens äußerst diskret und vor allem nicht zurückverfolgbar vonstattengehen würde. Der Flug zum geplanten Ort der Rache und das Hotel würden von der Organisation gebucht werden. Bezüglich des weiteren Vorgehens würde sie zum gegebenen Zeitpunkt auf noch festzulegenden Wegen detaillierte Handlungsanweisungen erhalten. Ihr oblag nur noch die Kontaktaufnahme mit dem Täter, die sie irgendwie bewerkstelligen musste. Darüber hinaus benötigte sie, wie ihr mitgeteilt wurde, unbedingt noch einen falschen Reisepass, ausgestellt auf irgendeinen Fantasienamen. Das war für sie kein Problem. Marcel, zu dem sie noch losen Kontakt hatte, meinte, er könne ihr da behilflich sein.

Ihr Leben war zunächst nach dem abrupten Ende des Projekts in Namibia in zunehmend ruhigeren Bahnen verlaufen. Das verdankte sie ihrer Betreuerin Ellen, dem organisierten Aufenthalt in einer betreuten Wohngemeinschaft für Frauen und nicht zuletzt den Tabletten, die sie seitdem konsequent eingenommen hatte. Nach dem Tod des Großvaters hatte sie zudem als einzige Verwandte dessen Erbe angetreten. Das Häuschen in einem Vorort von München und eine nicht unerhebliche Summe Geld hatten ihre eine Schulausbildung bis zur mittleren Reife und eine Ausbildung zur Fremdsprachenkorrespondentin möglich gemacht. Da sie sehr bescheiden lebte und aufgrund des großelterlichen Erbes nicht auf ein regelmäßiges Einkommen angewiesen war, konnte sie bei ihren Aufträgen sehr wählerisch sein. Sie arbeitete für Wirtschaftsunternehmen und Kanzleien, deren Korrespondenz sie ins Französische, Italienische und Englische und umgekehrt übersetzte. Durch den Kontakt mit Ellen, die, wie sie eines Tages feststellte, offen lesbisch lebte und sie eines Abends dann auch verführt hatte – ein Abend, den sie im Übrigen ihr ganzes Leben nicht vergessen würde, so schön, so beglückend, so erfüllend war er, ungeahnte, neue Perspektiven hatte er ihr eröffnet – entdeckte auch sie ihre Liebe zu Frauen. Nach mehreren, eher kurzen Beziehungen, die allerdings trotz ihrer Kürze alles übertrafen, was sie bisher mit Männern erlebt hatte, traf sie schließlich Bea, die für die nächsten zehn Jahre ihre Lebens- und Liebesgefährtin werden sollte.

Eines Nachts jedoch war Bea nicht, wie üblich, nach ihrem Schichtende – sie arbeitete als Krankenschwester – nach Hause gekommen. Ines hatte es daran bemerkt, dass sie nicht jenen liebevollen Kuss bekam, den ihr zu geben Bea sich angewöhnt hatte, bevor sie nach der anstrengenden Nachtschicht zu ihr ins Bett kletterte. Mit dem unbestimmten, nicht desto weniger überwältigenden Gefühl, dass etwas ganz und gar nicht in Ordnung wäre, war Ines sofort hellwach gewesen, hatte noch zehn weitere Minuten voller Bangen gewartet, bevor sie, nun schon beinahe in Panik, in ihren Fiat Punto stieg. Diesen hatten sie sich beide erst im letzten Jahr gegönnt, allerdings nur für Ausflüge an den Wochenenden ins schöne Umland Münchens und die nahen Berge. In der Stadt nutzten sie ausschließlich U- und S-Bahnen. Nachdem sie Beas übliche Fußwege abgefahren hatte, war sie schließlich in die Innenstadt gelangt, wo ihr in Höhe des Parks, in der Nähe des Burschenschaftshauses, plötzlich Bea in schrecklichem Zustand vor das Auto getaumelt war. Ihren Vorschlag, sie sofort ins Krankenhaus zu bringen und die Polizei einzuschalten, hatte Bea kategorisch abgelehnt. Sie wolle einfach nur nach Hause und duschen. Die Nase und ein locker geschlagener Zahn hatten mittlerweile aufgehört zu bluten. Beas Körper jedoch war von Kratzern und Blutergüssen übersät, die Kleidung zerrissen und unbrauchbar. Nach der Fahrt nach Hause und zwei Stunden in der Dusche hatte Bea ihr schließlich von der Vergewaltigung erzählt. Sie habe schon seit dem Burschenschaftshaus das Gefühl gehabt, dass ihr jemand gefolgt war. Sie sei schließlich von hinten angefallen, zusammengeschlagen und in das Gebüsch gezerrt worden, wo der Mann, von dem sie eine erstaunlich genaue Beschreibung hatte abgeben können, sie brutal missbraucht hatte. Betrunken sei er gewesen und hätte eine Nadel mit einer Art Wappen, wie von einer Burschenschaft, am Revers gehabt.

Nach einer durchwachten und durchweinten Nacht hatte ihr Bea am Morgen darauf mitgeteilt, sie wolle nun doch zur Polizei fahren und Anzeige erstatten, Begleitung brauche sie freilich keine, sie würde das schon alleine schaffen. Ines hatte noch gehört, wie der Punto angelassen wurde und Bea weggefahren war. Als ihre Freundin am Abend noch immer nicht nach Hause gekommen war, hatte sie durch einen Anruf bei der zuständigen Polizeiinspektion erfahren, dass ihre Freundin dort nie angekommen war. Von düsteren Vorahnungen nach draußen getrieben, hatte sie schließlich den Punto keine zweihundert Meter entfernt am Straßenrand geparkt gefunden.

Bea hing an einem dicken Hanfseil, das noch aus der Zeit übriggeblieben war, als die jungen Obstbäume an Pfähle gebunden werden mussten. Das Seil hatte sie um den Dachbalken des Holzschuppens geschlungen, in dem Ines damals den Hund vergiftet hatte und der in einem entlegenen Teil des zum Hausgrundstück gehörigen Gartens errichtet worden war. Unter ihr lag ein umgestürzter alter Holzhocker.

Ihre Augen waren geöffnet und quollen aus den Höhlen, ihr kalkweißes Gesicht war von bläulichen Flecken übersät. Noch während Ines sich übergab, schwor sie sich, dass sie den Täter persönlich zur Strecke bringen und ihn für seine Tat würde büßen lassen.

Sie verschwieg der Polizei, die sie nach dem ersten Schock verständigt hatte, die Vergewaltigung, erzählte den Beamten etwas von Depressionen, die ihre Freundin gehabt hätte. Zudem habe sie gestern beim Spazierengehen einen bösen Sturz eine Betontreppe hinab in ein angrenzendes Dorngestrüpp erlitten, daher die multiplen Risswunden und Blutergüsse. Offensichtlich erschien diese Erklärung den ermittelnden Beamten plausibel genug. Zumindest kamen in den nächsten Tagen von dieser Seite keine weiteren Nachfragen mehr. Ihre Tabletten, die Ines seit ihrem 16. Lebensjahr eingenommen hatte und die dafür gesorgt hatten, dass sie die Stimme in ihrem Kopf hatte nicht mehr hören können, hatte sie nach dem Tod ihrer Freundin sofort abgesetzt.

Jetzt galt es als Nächstes dieses Schwein ausfindig zu machen, welches für Beas Tod verantwortlich war. Mit den Hinweisen und der Personenbeschreibung, die Ines von Bea erhalten hatte, war es ein Kinderspiel, die Burschenschaft ausfindig zu machen. Nach zwei Tagen erfolglosen Herumlungerns, Ines wollte bereits aufgeben, sah sie ihn. Er musste es sein, Beas Beschreibung passte in allen Details. Jetzt musste rasch gehandelt werden. Sie musste sofort sein Vertrauen gewinnen und ihn von sich abhängig machen, um den Plan, der sich bereits in ihrem Kopf verschwommen abzeichnete, möglichst schnell in die Tat umsetzen zu können. »Sex ist die Lösung.« Sie spürte das altbekannte Dröhnen, »wilder, hemmungsloser Sex!« Damit konnte man jeden Kerl herumkriegen, das wusste sie auch ohne die Stimme noch aus ihrer Jugendzeit, in der sie eine Zeit lang selbst keine Gelegenheit dazu ausgelassen hatte. Ihr glühender Hass war so viel größer als Abscheu und Ekel vor diesem Menschen. Sie trat auf ihn zu und bat ihn um Feuer.

Der Rest war ein Kinderspiel gewesen. Er vergötterte sie und hatte des Weiteren alles genau so gemacht, wie sie es von ihm verlangt hatte.

Sie hätte nicht gedacht, dass es so einfach werden würde. Marcel hatte ihr für 300 Euro einen Reisepass auf den Namen Ines Lambers besorgt und »myrevengeday.it« hatte alles Organisatorische für sie übernommen. Man hatte Rom als Ort der Rache ausgesucht, da es dort Mitstreiterinnen gab, die in der Lage und willens waren, ihr bei ihrem Vorhaben zu helfen. Auch eine passende Örtlichkeit würde zur Verfügung stehen. Ihre Aufgabe war nun, ihn zum vereinbarten Zeitpunkt an einen vereinbarten Ort zu bringen und ein Betäubungsmittel einzuflößen.

So kam es dann auch, er hatte das Spiel bereitwillig mitgespielt. Das Betäubungsmittel hatte sie ihm mittels Champagner eingeflößt. Sie hatte ihn unter Mithilfe zweier Gefährtinnen in das heruntergekommene Haus in der Nähe des Tibers geschleppt, in den Käfig gesperrt, und nachdem sie ihn mit brennenden Zigaretten gequält, auf verschiedenste Weise gefoltert, erniedrigt und ihm dasselbe angetan hatten, das er Bea angetan hatte und auch die Stimme in ihrem Kopf schließlich zufrieden war, hatten sie ein Einsehen mit ihm gehabt und seine flehentlichen Bitten erhört. Ines selbst war es, die ihn mit einem dünnen Draht eigenhändig erdrosselte. Seine Leiche entsorgten sie im unmittelbar hinter dem Haus vorbeifließenden Tiber. Nachdem sie seine Habseligkeiten in einem nahe gelegenen Müllcontainer hatten verschwinden lassen, ging eine jede von ihnen wieder ihrer Wege.

SPÄTSOMMER 2015 III

GERTI HATTE ZWEIMAL hinsehen müssen, aber es war ganz unzweifelhaft, dass sie den Mann auf dem Zeitungsbild erkannt hatte. Sie gab Max einen kräftigen Stoß zwischen die Rippen und deutete auf die Zeitung:

Unbekannter Deutscher tot in Rom aufgefunden

Wie unser Korrespondent berichtet, wurde vergangenen Donnerstag die Leiche eines jungen Mannes im Tiber treibend aufgefunden. Die Leiche war unbekleidet und wies zahlreiche Spuren von Misshandlungen und Folter auf. Es könnte sich bei der Person um einen deutschen Staatsbürger handeln, da auf seiner rechten Schulter eine Art Wappen mit einer schwarz-rot-goldenen Flagge tätowiert ist. Wer diese Person kennt oder sachdienliche Angaben zu ihr machen kann, wird gebeten, sich bei der nächstgelegenen Polizeidienststelle zu melden.

Geschockt hatten Gerti und Max wieder und wieder das Bild des unbekannten, toten Deutschen in der »Mittelfränkischen Zeitung« betrachtet. Nein, es bestand kein Zweifel: Das war Bastian, ihr ehemaliger Mitbewohner. Überstürzt hatten sie sich nach dieser Entdeckung von Max Eltern verabschiedet und waren eilends zurück nach München gefahren, um ihren Mitbewohnern die schockierende Nachricht zu überbringen.

»Einer von uns muss zur Polizei gehen und melden, dass wir den Toten kennen«, ließ sich Antonia vernehmen, die als Erste die Fassung wiedergefunden hatte. Gerti bot sofort an, das zu übernehmen. Sie als angehende Journalistin, Medienexpertin und langjährige Kolumnistin in Sachen Kriminalfälle sei in derlei Dingen geübt, um nicht zu sagen geradezu dafür prädestiniert. Und nein, sie sollten nicht einmal im Traum daran denken, sie wegen ihrer Schwangerschaft davon abhalten zu wollen und nochmals nein, sie habe schon genug gelernt und ihre Bachelorarbeit sei schon so gut wie fertig. Ihr detektivischer Jagdinstinkt, seit dem Mordfall Prälat Hornberger unfreiwillig auf Eis gelegt und nur gelegentlich durch ihre Artikel über ungewöhnliche Mordfälle notdürftig am Leben erhalten, war mit einem Mal wieder voll erwacht.

Benötigt wurde erst mal ein grober Plan, eine Art Raster, nach dem sie vorgehen konnte. Da es ohnehin schon recht spät war, zog sie sich nach kurzem Nachtgruß auf ihr Zimmer zurück und begann auf ihrem Bleistift herumzukauen, das beste Mittel, um ihre grauen Zellen anzuregen. Nach fünf Minuten intensiven Nachdenkens war sie dann so weit. Sie nahm einen Notizzettel zur Hand und kritzelte hastig ein paar Zeilen, bevor sie dann todmüde in ihr Bett sank und rasch in einen tiefen, traumlosen Schlaf fiel. Mit dem aufregend kribbelnden Gefühl im Bauch, einem großen Abenteuer entgegen zu gehen, verließ sie am nächsten Morgen ihre Bude, den Zettel in der linken Hand verborgen, da ihn ihre Mitbewohner tunlichst nicht zu sehen bekommen sollten. Denn auf dieses Blatt hatte sie gestern Abend noch eilends gekritzelt:

1. Kriminalpolizei (morgen)
2. Frauenarzt (übermorgen, ohnehin Termin)
3. Birgit Eisner (vorsichtshalber, vielleicht Mittwoch nach der Prüfung)
4. Prüfung (leider Mittwoch, unumgänglich)
5. Ich muss nach Rom - morgen noch Ticket besorgen!!!

»Gerti, du führst was im Schilde.« Max war es, der als erster Lunte gerochen hatte. Er kannte sie wohl zu gut, als dass sie ihm noch etwas vormachen hätte können.

»Max, du kennst mich doch. Ohne euer Einverständnis mache ich schon nichts, schon gar nichts Gefährliches. Das würde ich mich nie trauen, ich fahr' nur eben mal schnell zur Kripo, wie ausgemacht«, beeilte sich Gerti, mit treuherzigem Augenaufschlag und harmlosester Miene, sein Misstrauen zu zerstreuen.

»Das will ich hoffen. Keine Alleingänge, hast du mich verstanden?«

»Ich doch nicht …«, und schon war Gerti zur Tür hinaus und auf dem Weg zur Kriminalpolizeidienststelle. Als sie am Nachmittag wieder nach Hause kam, verschwand sie wortlos in ihrem Zimmer. Sie setzte sich an den Schreibtisch, kramte aus einem Stapel Unterlagen ein Notizbuch hervor und begann, mit frisch gespitztem Bleistift in ihrer sauberen Schrift eilig Eintragungen zu machen.

KAPITEL 4

GERTIS SPURENSUCHE

ÜBER DEN VERSUCH, ANTWORTEN ZU FINDEN

GERTI UND DIE KRIPO

Gertis Tagebuch

Montag 28.9.2015

GERADE BIN ICH *von der Kripo nach Hause gekommen und habe beschlossen, alles was ich heute erlebt und erfahren habe und auch das, was die nächsten Tage und Wochen auf mich zukommen wird, zumindest in den wichtigsten Punkten, in ein Tagebuch zu schreiben. Zum einen, um nicht den Überblick zu verlieren, zum anderen auch zu meiner Sicherheit, denn wer weiß, wohin und in welche Situationen mich meine Recherchen noch führen werden. Heute also war ich bei der Kriminalpolizei. Das für mein Anliegen zuständige Kommissariat befindet sich praktischerweise direkt neben einer U-Bahn-Station am Rande eines neuen Gewerbegebiets, dessen Name mir entfallen ist – tut auch nichts zur Sache – jedenfalls mit der U-Bahn Richtung Stadtmitte zehn Minuten von uns entfernt und ist in einem großen, lang gezogenen, rechteckigen, offenbar eigens für die Unterbringung einer Polizeiinspektion errichteten Zweckbau untergebracht. Der Bau ist aus rötlichen Klinkersteinen errichtet worden, die Fenster und Türen haben grüne Laibungen, was einen interessanten Kontrast ergibt. In ihm sind acht verschiedene Kommissariate untergebracht, von denen eins für mich zuständig war, nur welches wusste ich natürlich nicht.*

Ich stand also heute Morgen schwer beeindruckt vor dem ehrfurchtgebietenden Riesenkasten und hatte keine Ahnung wohin. Also hinein.

Ein älterer, etwas rundlicher, gemütlich wirkender Polizist saß neben dem Haupteingang in einer Art gläsernem Kasten, der wohl die Pforte darstellen sollte. Regungslos wie eine Statue war er in eine Zeitung vertieft und hatte, als ich gerade eben an der Pforte vorbeigehen wollte, völlig unerwartet seinen Kopf gehoben und wohlwollend meinen Babybauch betrachtet.

»Na, bekommt ein Kollege Nachwuchs?«

Nachdem ich ihm gesagt hatte, dass ich zur Mordkommission müsste, um in einem ungeklärten Mordfall eine Aussage zu machen, war ihm seine Kinnlade abrupt nach unten geklappt. Ich musste wegsehen, um nicht in Lachen auszubrechen

»Ko-Ko-Kommissariat eins ...«, stotterte er, »warten Sie, ich bringe Sie hin.«

Er verließ eilig sein Häuschen und ging mit mir im Schlepptau geradeaus weiter in ein breites, lichtdurchflutetes Treppenhaus. Den Aufzug, den mir der Beamte wegen meiner Schwangerschaft angeboten hatte, musste ich leider ablehnen, denn mir sind Aufzüge seit meiner Kindheit schon immer etwas suspekt gewesen. Vom Treppenhaus also hinauf in den ersten Stock, dann scharf nach links in einen endlosen, in regelmäßigen Abständen von Türen unterbrochenen, tageslichtlosen Gang. Einem möglichen Delinquenten wird da allein schon durch die monotone, von trübem Kunstlicht spärlich erhellte Dunkelheit und schiere Länge des Gangs gehörig Respekt eingeflößt, möchte man meinen. Am Ende des nicht enden wollenden Ganges fand sich endlich das Dienstzimmer, in dem der für mich zuständige Beamte Dienst tat. Auf dem Schild rechts neben der Türe stand KOK Schreiner. Auf das Klopfen meines Führers hin ertönte aus dem Zimmer eine weibliche Stimme, die uns hineinbat.

»Die junge Dame möchte eine Aussage machen.«

Mit diesen Worten verabschiedete sich der ältere Polizist und ließ mich in der Obhut einer sportlich durchtrainierten, etwa vierzigjährigen Beamtin mit zwei silbernen Sternchen auf den Schulterklappen zurück.

»Oberkommissarin Schreiner. Wie kann ich Ihnen denn weiterhelfen?«

Die Beamtin streckte mir zur Begrüßung eine schmale, fein-

gliedrige Hand entgegen und hieß mich nach einem kräftigen Händedruck, den ich dieser zarten Hand gar nicht zugetraut hätte, ihr gegenüber auf der anderen Seite des Schreibtisches Platz zu nehmen. Ihr Dienstzimmer war karg eingerichtet, mit weißen Büromöbeln und mehreren weißen, raumhohen Regalen, die mit Aktenordnern vollgestopft waren. Auf dem Schreibtisch stand ein Laptop, daneben offenbar ein Bild mit Familienangehörigen, von dem ich nur die Rückseite zu sehen bekam. In einer Zimmerecke fristete ein zerzauster Ficus ein kümmerliches Dasein. Einen grünen Daumen hatte die ansonsten sicherlich tüchtige Beamtin offenbar nicht. Schräg hinter ihrem Schreibtischstuhl an der Wand war ein schmaler, fast bis zur Decke reichender Spiegel angebracht. In dem konnte man, wenn man sich ihr gegenüber im richtigen Winkel auf den einfachen Bürostuhl setzte, der für die Besucher vorgesehen war, den Monitor ihres Laptops seitenverkehrt sehen, wie ich sogleich erfreut feststellte. Damit war mein Tag schon gerettet, denn als Kind hatte ich mir einen Spaß daraus gemacht, Spiegelschrift lesen zu lernen und hatte diese Kunst mit meinem Bruder stundenlang geübt. Also platzierte ich mich im richtigen Abstand und Winkel zu ihrem Schreibtisch und war froh, dass ich Augen hatte wie ein Luchs.

»*Gerti Zimmermann heiße ich. Ich kann ein Mordopfer identifizieren.*« *Umständlich hatte ich aus meiner Handtasche die Mittelfränkische Zeitung genestelt, die ich vorsichtshalber eingesteckt hatte und sie mit dem Bild von Bastian nach oben auf den Schreibtisch vor die Nase der Beamtin gelegt.* »*Das ist der Bastian Lambers, ein ehemaliger Mitbewohner unserer Wohngemeinschaft, der vor ein paar Wochen ausgezogen ist.*«

»*Sind Sie sich da ganz sicher?*«

Blöde Frage, wäre ich sonst hier? Ich bezwang meinen Ärger und antwortete so freundlich ich konnte: »*Kein Zweifel, der hatte auch so ein Burschenschaftstattoo auf der Schulter.*«

»*Na, dann erzählen Sie mal.*«

So habe ich also losgelegt und alles erzählt, was ich wusste, auch das über Bastians Auszug, seiner Wesensveränderung und der neuen

Freundin. Nur meinen vagen Verdacht, es könnte sich bei ihr um die flüchtige Bekannte vom Kleinhessenloher See, Birgit Eisner, handeln, habe ich nicht erwähnt, denn erstens will ich diese nette Frau nicht in Schwierigkeiten bringen, zweitens möchte ich mir erst einmal selbst ein Bild von ihr machen, und drittens glaube ich eigentlich nicht mehr, dass es tatsächlich diese Frau war, denn so, wie ich sie kennengelernt habe, passt sie so gar nicht zu dem trotz aller Hochnäsigkeit doch irgendwie prolligen Bastian Lambers.

Während meiner Ausführungen schielte ich immer wieder auf das Spiegelbild ihres Laptopmonitors und versuchte unauffällig-angestrengt zu entziffern, was darauf zum Fall zu lesen war. Sie hatte nämlich, als ich ihr den Zeitungsartikel vorgelegt hatte, eine entsprechende digitale Ermittlungsakte aufgerufen.

Dieser entnahm ich, dass Bastian am 20. September tot in Rom im Tiber aufgefunden worden war, dass seine Leiche schon etwa eine Woche im Wasser gelegen haben musste und dass er vor seinem Tod schwer misshandelt und wohl auch vergewaltigt worden war. Ferner las ich, dass er am 11. September mittags in Rom am Flughafen angekommen war, dass er mit einer Frau, die einen Reisepass, ausgestellt auf den Namen Ines Lambers dabeigehabt hatte, in das Hotel Millefiori nahe der Piazza Navona eingecheckt hatte und dass er das letzte Mal lebend am frühen Abend dieses Tages von der Rezeptionistin des Hotels gesehen worden war, als beide das Hotel mit jeweils einer Flasche Champagner in der Hand verlassen hatten. Den Champagner hatte die Frau eine Stunde vorher an der Hotelbar gekauft und bar bezahlt. Die Frau hatte am 12. September alleine ausgecheckt und angegeben, ihr Partner sei plötzlich schwer erkrankt, er befinde sich im Gemelli-Krankenhaus und sie müsse ein Zimmer dort in der Nähe nehmen. Am 14. September sei die Frau alleine, mit dem bereits vorher gebuchten Flug, nach Deutschland zurückgeflogen. Merkwürdig war jedoch, dass Flug und Hotel zwar auf den Namen des Paares gebucht worden waren, Buchung und Bezahlung jedoch von einer Firma vorgenommen worden war, die sich bei den folgenden Nachforschungen als Briefkastenfirma herausgestellt hatte.

Diese Spur hatte demnach nicht weiter nachverfolgt werden können. Bastians Begleiterin wurde im Übrigen als eher unscheinbar, zierlich und brünett beschrieben. Brauchbare Angaben für ein Phantombild waren nicht zu erhalten, da sie stets eine Sonnenbrille mit großen, runden Gläsern, wie sie in den siebziger Jahren in Mode waren und jetzt wieder modern wurden, getragen hatte.

Nun, das war nicht viel, aber immerhin etwas, das mir vielleicht, wenn ich demnächst nach Rom fahren werde, weiterhelfen könnte.

Vorher muss ich allerdings, der Form halber, noch Birgit Eisner aufsuchen, meinen Termin bei Dr. Staudigl wahrnehmen, meine Abschlussprüfung machen und die Bachelorarbeit abgeben. Und das alles in den nächsten paar Tagen – Puh, Stress pur! Und das mit Kind im Bauch.

Nachdem ich also bei der Kripo meine Angaben gemacht hatte, noch einige zusätzliche Fragen zu Bastians Persönlichkeit und meinem subjektiven Eindruck von ihm beantwortet hatte und die Beamtin meine Personalien aufgenommen hatte, wurde ich von ihr mit einem warmen Händedruck, herzlichem Dank für die konstruktive Zusammenarbeit und besten Wünschen für mein Baby entlassen.

Der freundliche Polizist an der Pforte blinzelte mir beim Verlassen der Inspektion noch verschwörerisch zu, winkte kurz und dann war das auch geschafft.

Doch jetzt, nachdem ich meine Aufzeichnungen für heute beendet habe, werde ich ein Nickerchen machen, denn immerhin bin ich ja schwanger ...

Am nächsten Tag in der Früh hatte Gerti den Termin bei Dr. Staudigl. Zuvor hatte sie noch ein Reisebüro, das in unmittelbarer Praxisnähe lag, aufgesucht und einen Last-minute-Flug nach Rom für Freitag, den 2.10, Abflug München, 10:14 Uhr und einen Rückflug für den 4.10, 19:25 Uhr ab Roma-Fiumicino und ein Einzelzimmer für drei Nächte im Hotel Victoria – Millefiori war nicht mehr frei – zu einem unschlagbar günstigen Preis ergattert. Wenn schon, denn schon, dachte sich Gerti, die hoffentlich dann auch bestandene Prüfung musste schließlich würdig gefeiert werden. Anschließend war, abgesehen von einer kurzen Cappuccino-Pause direkt nach der Sprechstunde den ganzen Tag Lernen angesagt. Erst spät am Abend fand Gerti wieder Zeit, ihr Tagebuch weiter zu führen.

Gertis Tagebuch

Dienstag 29.09.2015

Heute um neun Termin bei Dr. Staudigl gehabt. Der Doc war wieder einmal bestens gelaunt und hat mir gleich beim Betreten der Praxis – er stand zufällig an der Anmeldung – ein Kompliment wegen meines Aussehens gemacht. Habe mich gefreut, aber welche Frau, zumal schon leicht unförmig durch die Schwangerschaft, freut das nicht. Danach haben mich seine Mädchen unter ihre Fittiche genommen – Blutdruck, Gewicht, Urin, der übliche Kram – und mich danach das erste Mal in der Schwangerschaft ans CTG, ein kleiner Computer, der die Herztöne des Kindes und eventuelle Wehen aufzeichnet, gehängt. Ich bin immer noch ganz begeistert, ich konnte tatsächlich die Herzschläge meines Kindes hören! Dass es so schnell schlug, ist ganz normal, hat mir der Doc hinterher versichert, 120 bis 160 mal pro Minute, man stelle sich das mal vor. Danach hat er mich noch untersucht, das ist mir immer etwas unangenehm, geht aber zum Glück schnell vorbei. Immerhin hat er mir bei dieser Gelegenheit versichert, dass der Muttermund noch zu ist und ich nach Rom fliegen könne. Ich hatte mich nämlich getraut, ihn das zu fragen, obwohl ich die Tickets und das Hotelzimmer heute früh schon gebucht habe.

Danach hat er einen Ultraschall gemacht – Screening Nummer drei – da ich jetzt in der 29. Schwangerschaftswoche bin. Meinem Mädchen ging es sichtlich gut, es turnte in seinem Fruchtwasser herum. Auch ihr Gesicht konnte ich noch einmal von der Seite sehen: Es bekommt eine Stupsnase, wie ich sie habe! Auch der Doc war mit ihr zufrieden, alles ist an seinem Platz, die Größe passt und es wiegt jetzt 1200 Gramm, man muss sich das mal vorstellen. Nur einen Namen habe ich noch nicht gefunden. Jetzt will mich der Doc schon in drei Wochen wiedersehen, denn ich bin inzwischen eine fortgeschrittene Schwangere. Ich habe zwar einen Termin ausgemacht, konnte aber nicht versprechen, dass ich ihn auch wirklich einhalten kann, denn mein Terminkalender ist voll. Danach bin ich noch ins Café ›Sorgenfrei‹ gleich gegenüber und habe mir bei einem entkoffeinierten Cappuccino noch die warme Herbstsonne aufs Baby scheinen lassen. Dann war den Rest des Tages leider noch mal Lernen fürs Kolloquium morgen angesagt. Oder besser wegen des schlechten Gewissen noch mal drüberlesen, denn was ich jetzt nicht kann, werde ich so kurz davor auch nicht mehr lernen. Jetzt gehe ich ins Bett. Ehrlich gesagt hätte ich ziemlich Lust auf einen Mann, habe schon lange mit keinem mehr geschlafen, das täte mir jetzt echt gut, trotz Baby im Bauch, aber woher nehmen und nicht stehlen?

GERTI BEI BIRGIT EISNER

Gertis Tagebuch

Mittwoch, 30.9.2015, 8 Uhr

Heute Nacht war *ich ein unanständiges Mädchen und habe Max verführt, ich konnte einfach nicht anders. Ich hatte eine solche Lust mal wieder mit einem Mann zu schlafen, dass ich mein schönstes (und dünnstes) Nachthemd angezogen habe und die Treppe zu ihm hochgeschlichen bin. Er hatte schon selig wie ein Baby geschlafen. Ich habe mich vor ihn hingesetzt und ihn erst einmal lange im fahlen Licht des Mondes, das in einem breiten Streifen zu seinem Fenster hereingekrochen kam, betrachtet. Da habe ich eigentlich das erste Mal so richtig tief in mir drin gespürt, wie sehr ich ihn mag, ja, dass ich ihn eigentlich schon lange mochte und was für ein toller Mann er doch ist. Ich bin dann ganz leise und sacht unter seine Bettdecke gekrochen und habe mich samt Babybauch fest an ihn gekuschelt. Er hat zuerst ein paar Mal gebrummt und gezuckt und ist dann langsam aufgewacht. Zuerst war er richtig erschrocken, als er mich gesehen hat, und hat mich gefragt, was ich da wolle.*

»Mit dir schlafen, du Schaf!« *Er war sofort hellwach.*

Ich hatte mich einstweilen lasziv geräkelt, die Bettdecke weggeschoben und mein Nachthemd ganz zufällig hochrutschen lassen und dabei inständig gehofft, er wäre nicht durch den Babybauch abgeschreckt. Diese Furcht war jedoch gänzlich unbegründet. Ganz zärtlich hat er mich zu streicheln begonnen, am ganzen Körper. Ich habe ihm auch die Stellen gezeigt, wo ich es am liebsten mag. Es war unglaublich schön und meinen ersten Höhepunkt hatte ich, als er mit seinem Mund ganz sacht an meinem Kitzler saugte. Es war, als würde ich vor Glück in Ohnmacht fallen. Dann hat er mich sanft umgedreht und ist ganz langsam und zärtlich von hinten in meine Scheide eingedrungen. Es war ein ungewohnt merkwürdiges, aber auch unglaublich erregendes Gefühl, denn meine Scheide kam mir viel enger vor als früher, gleichzeitig viel rauer. Es war alles so intensiv, das kommt wohl von der Schwangerschaft. Ich spürte, wie sein hartes Fleisch das Kind in meiner Gebärmutter anstupste und schaukelte und fühlte regelrecht, wie auch mein Kind von der Woge Glückshormon durchflutet wurde, die sich in meinem Blut breitmachte. Zusammen mit Max kam ich sofort noch einmal zum Höhepunkt, der sich aber ganz anders anfühlte als vorher. Es war mehr wie eine weiche Wolke aus Licht und Musik: Ja, ich glaube, dabei eine Musik gehört zu haben, die ich jetzt aber nicht mehr beschreiben könnte, na ja, vielleicht so was in der Art wie »Fliegen« von Matthias Schweighöfer. Eng an Max gekuschelt bin ich dann eingeschlafen. Das Aufwachen neben ihm grade eben war auch wunderschön. Jetzt kann das Kolloquium meinetwegen kommen. Ich bin gerüstet und mich kann nichts mehr umwerfen.

Nachdem sie diese Zeilen rasch zu Papier gebracht hatte, hatte es Gerti eilig zur Fachhochschule zu kommen, wo um 10 Uhr ihr Kolloquium zum Thema Psychologie der Massenmedien beginnen sollte. Da das Wetter schön und die Luft herbstlich warm war, nahm sie, nachdem sie hastig gefrühstückt und ihre Bachelorarbeit eingepackt hatte, ihr Fahrrad, denn etwas frische Luft vor der Prüfung würde ihr sicher guttun, und radelte los. Nach gut 20 Minuten war sie an der Uni, wo sie im Raum 2.304 von Professor Dr. Hiebeler, der ihr als Prüfer zugeteilt worden war und zwei weiteren Lehrstuhlmitarbeitern erwartet wurde. Es hätte ehrlich gesagt viel schlimmer kommen können, denn Professor Hiebeler war als fairer und gerechter Prüfer bekannt. Da hatten sie schon ganz andere Kaliber an der Uni. Nach kurzem Warten auf einem der grauen, schmucklosen, aber nicht unbequemen Kunststoffstühle, die vor dem Prüfungsraum aufgereiht waren, betrat Gerti voller Aufregung mit zitternden Knien und schweißnassen Händen den Prüfungsraum, nachdem sie von der Protokollantin aufgerufen worden war, und wurde dort von Professor Hiebeler, einem groß gewachsenen, asketisch wirkenden Mann mit grauer Kurzhaarfrisur und einer braunen Hornbrille mit kleinen, runden Gläsern auf der klassisch gebogenen Nase begrüßt.

Gertis Tagebuch

Mittwoch 30.9.2015, 18 Uhr

Gott sei's gedankt, getrommelt und gepfiffen, endlich geschafft. Meine nun wirklich allerletzte Prüfung war gar nicht so schwer wie befürchtet. Professor Hiebeler war richtig nett zu mir. Fiese Fragen hat er überhaupt nicht gestellt. Es war alles zu lernen gewesen, wenn man so fleißig war wie ich, räusper, räusper. Meine anfängliche Aufregung hatte sich gleich gelegt, nachdem er mir schon bei meinem Eintreten aufmunternd zugezwinkert hatte. So war ich ganz ruhig und cool, nur einmal bin ich etwas hängen geblieben. Da hat mir der Prof aber gleich mit einem Stichwort weitergeholfen. Dann ging's wieder. Die Note hatte er mir offiziell noch nicht sagen dürfen, aber seinen Andeutungen habe ich entnommen, dass ich wohl ziemlich gut gewesen bin. Ich habe ihm dann auch gleich noch meine Bachelorarbeit in die Hand gedrückt, die ich ebenfalls an seinem Lehrstuhl verfasst habe. Alles in allem eine gelungene letzte Prüfung würde ich sagen. So, jetzt wird der Stift aber aus der Hand gelegt und erst mal ordentlich gefeiert.

Es wurde ein episches Fest. Ihre Mitbewohner hatten Raclette vorbereitet und dazu leckere Saucen und Salate. Wein, Bier und Sekt flossen in Strömen, nur bei Gerti nicht, denn sie musste sich schwangerschaftshalber mit nur einem halben Glas Sekt zufriedengeben – in solchen Mengen und im Ausnahmefall würde es ihrem Baby nicht schaden, hatte der Doc gemeint. Franz hatte wieder einmal eine Rede vorbereitet, die sich, wie üblich, nach ein paar abenteuerlichen rhetorischen Spitzkehren und zwerchfellerschütternden Sentenzen in allgemeiner Heiterkeit auflöste. Am Ende des Abends waren alle außer Gerti heillos betrunken. Sie schaffte es noch, ihren Mitbewohnern, als diese noch aufnahmefähig waren, mitzuteilen, dass sie und Max jetzt zusammen wären, ein Geständnis, das nicht nur bei diesen, sondern auch bei Max, der bis dahin nicht gewusst hatte, wie er sich ihr gegenüber verhalten sollte und sie immer wieder unsicher von der Seite angesehen hatte, größte Überraschung auslöste. Nach einem ausgedehnten Hustenanfall, der dadurch ausgelöst wurde, dass er sich am Rotwein verschluckte, den zu trinken er gerade im Begriff war, und mehreren kräftigen Schlägen zwischen die Schulterblätter, die ihm Wilhelm verpasst hatte, pflichtete er ihr, nachdem er die Fassung wiedergefunden hatte, heftig nickend bei. Genau das habe er eben auch sagen wollen, meinte er, war ganz nahe an sie herangerückt und ihr den Rest des Abends nicht mehr von der Seite gewichen. Wie sie ins Bett gekommen waren, wusste am nächsten Tag nur Gerti. Es war auch nicht zu erwarten, dass irgendeiner ihrer Mitbewohner vor Nachmittag das Bett würde verlassen können. Lediglich sie war um acht Uhr aufgestanden, hatte mutterseelenallein gefrühstückt und dann Birgit Eisner, deren Telefonnummer sie immer noch aufgehoben hatte, angerufen.

ROMA IN AUTUNNO 2015 III

DES COMMISSARIO GEBETE waren zumindest insoweit erhört worden, dass er jetzt wusste, dass es sich bei dem Toten um den deutschen Medizinstudenten Bastian Lambers handelte. Kollegen aus Deutschland hatten ihn angerufen und ihm mitgeteilt, dass man den Mann anhand des Fotos, das in allen deutschen Tageszeitungen veröffentlicht worden war, identifiziert hatte. Ein DNA-Abgleich hatte dann letzte Gewissheit gebracht. Man hatte auch noch herausgefunden, dass er mit einer Dame, die sich als seine Frau ausgegeben hatte, im Hotel Millefiori abgestiegen war. Das Paar war noch am selben Abend in der Stadt verschwunden. Die Frau war am nächsten Tag wiederaufgetaucht, hatte alleine ausgecheckt und war ein paar Tage später ohne Begleitung nach Deutschland zurückgeflogen, wo sich ihre Spur verloren hatte. Aber immerhin waren sie mit ihren Ermittlungen in diesem Fall wesentlich weitergekommen, als bei den beiden ähnlich gelagerten, ungeklärten Fällen. Zudem gab es eine, wenn auch etwas vage Beschreibung dieser Begleiterin und wenn sie Glück hatten ... Wie dem auch sei, man hatte diese Informationen auch an alle Polizeidienststellen in Deutschland weitergegeben, in der Hoffnung, weitere sachdienliche Informationen, die zu einer Aufklärung des Mordes führen könnten, zu erhalten.

Aufgrund dieser doch eher erfreulichen Tatsachen war seine Hoffnung gestiegen, mit seiner Frau doch noch den Toskana-Urlaub antreten zu können. Zumindest hatte er die Buchung vorsichtshalber noch nicht rückgängig gemacht und auch seiner Frau nichts davon erzählt, dass der Urlaub, auf den sie sich so gefreut hatte, auf der Kippe stand. Zufrieden ließ sich der Commissario von seiner Sekretärin eine Tasse Kaffee bringen und steckte sich eine Zigarette an, von der er einen tiefen Zug nahm, während er sich in seinem Schreibtischstuhl entspannt zurücklehnte.

»Eisner«, meldete sich die Gerti vom Kleinhessenloher See vertraute Stimme prompt am Telefon.

»Hallo, hier ist Gerti Zimmermann. Können Sie sich noch erinnern? Sie haben mir im Frühling am Kleinhessenloher See über meinen Schwangerschaftsfrust hinweggeholfen und mir für den Fall der Fälle Ihre Telefonnummer gegeben.«

»Ach ja, die Frau, deren Freund das Kind nicht wollte! Wie geht's Ihnen denn?«

»Danke, ganz gut, ich wollte mich einfach mal bei Ihnen melden, vielleicht können wir uns ja irgendwo treffen und uns ein wenig unterhalten?«

»Wissen Sie was, kommen Sie doch heute Nachmittag um drei zu mir. Ich mach' uns einen Kaffee und Kuchen hab' ich auch. Kleinropferfing, Tulpenstraße 15, das kleine weiße Häuschen mit den grünen Fensterläden können Sie gar nicht verfehlen. Ich freue mich.«

»Ich freu' mich auch, also bis später dann.«

Bevor Gerti sich am Nachmittag auf den Weg zu Birgit Eisner machte, kaufte sie noch einen kleinen, blühenden Kaktus bei Blumen Wagner in der Nachbarschaft, denn Gerti verschenkte leidenschaftlich gerne zu allen passenden und unpassenden Gelegenheiten Kakteen. Auch ihre Mitbewohner in der WG hatte sie damit schon beglückt.

Kleinropferfing war ein Vorort im südlichen Teil Münchens, der fast ausschließlich aus Einfamilienhäusern, umgeben von viel Grün, bestand. Es war eine typische Wohnsiedlung, konzentrisch im Laufe der letzten fünfzig Jahre um die frühere ländliche Ansiedlung herumgewachsen – die ältesten Häuser aus den sechziger Jahren – die sich um einen winzigen älteren Ortskern gruppierte, der im Prinzip nur aus einer kleinen, barocken Pfarrkirche und sechs Bauernhöfen bestand. Man sah der Siedlung an den gepflegten Häusern und Vorgärten an, dass dort gut situierte Münchner zu Hause waren. Der Ort selbst war durch die S-Bahn gut angeschlossen, die Tulpenstraße von der Bahnstation nur fünf Minuten zu Fuß entfernt. Es war eine stille, schmale in leichtem Rechtsbogen verlaufende Straße. Schilder wiesen sie als verkehrsberuhigte Zone aus, in der nur mit Schritttempo gefahren werden durfte. Die Häuser dieser Straße waren allesamt im Stil der sechziger und siebziger Jahre erbaut, die Grundstücke verhältnismäßig groß und von nahezu parkähnlicher Anmutung durch alten Baumbestand und hohe Büsche, die nur wenig Blick auf die dahinterstehenden Häuser freigaben. Wer hier wohnte, noch dazu im Umfeld der Landeshauptstadt, hatte es wohl geschafft und konnte sich mehr als glücklich schätzen.

    Birgit Eisners Häuschen war tatsächlich nicht zu übersehen. Am Ende des Wendehammers, der die Straße abschloss, lugte hinter großen Rhododendronbüschen ein einstöckiges, weiß verputztes, typisches Sechzigerjahre-Häuschen hervor. Der spitze Giebel war der Straße zugewandt und kleine, altmodische Sprossenfenster wurden rechts und links von Klappläden aus grünlackiertem Holz flankiert. In der Mitte der Giebelfront zwischen den Fenstern war ein hölzernes Rankgitter angebracht, an dem sich eine rot blühende Kletterrose umständlich nach oben hangelte. Der Eingang befand sich an der linken Seite des Hauses und war von der Gartentüre aus über einen mit vermoosten Granitquadern gepflasterten Weg, der zwischen üppig wuchernden Funkien und Farnen hindurchführte, zu erreichen. Zwei Granitstufen führten hoch zur braunen, hölzernen Eingangstüre mit kleinem, karoförmigem Fensterchen in Augenhöhe, das von zwei sich überkreuzenden, schmiedeeisernen Stäben gegen Einbrecher geschützt war. Türe und Treppenabsatz waren von einem zierlichen, mit grünspanigem Kupferblech bedeckten Regendach geschützt. Rechts von der Eingangstür war eine altmodische, runde Klingel aus weißem Porzellan mit einem aus der Mitte hervorstehenden, schwarzen Druckknopf angebracht. Darunter befand sich ein Schild, auf dem »Birgit Eisner & Bea Feldmeier« stand. Gerti drückte auf den schwarzen Knopf und im Haus erscholl ein Ton in der Art eines fernöstlichen Gongs. Kurz darauf wurde die Tür von Birgit Eisner geöffnet, die Gerti mit einem strahlenden Lächeln empfing: »Schön, dass du da bist! Komm' doch herein.«

Gertis Tagebuch

Donnerstag 1.10.2015

Also die Birgit hat definitiv nichts mit dem Mord an Bastian zu tun. Die Frau ist lesbisch. Sie hat mir die Haustüre geöffnet und mich in ihr Wohnzimmer gebeten, ein kleines gemütliches Wohnzimmer übrigens, geschmackvoll eingerichtet mit einer rotsamtigen Chaiselongue mit geschwungenen Rücken- und Armlehnen, vielen alten Möbeln aus massivem Holz, fast puppenstubenartig, und einer alten Biedermeieranrichte zum Verlieben. Sofort sind mir die vielen Bilder von Birgit und einer anderen etwa gleichaltrigen Frau aufgefallen, die mir Birgit als ihre Lebensgefährtin Bea, die leider zurzeit auf Fortbildungsreise sei, vorgestellt hat. Auf den Bildern sahen die beiden sehr glücklich miteinander aus.

Wir haben uns super unterhalten. Birgit hatte sogar Kuchen gebacken und über den Kaktus hat sie sich sehr gefreut. Sie hat mich dann noch durchs Haus geführt, alles sehr gemütlich und geschmackvoll eingerichtet, viele alte Möbel, die mir auch gefallen könnten. Währenddessen hat sie mich ausführlich über meine Schwangerschaft ausgefragt, über die WG und über Erik, über dessen Verhalten mir gegenüber sie sich sehr aufgeregt hatte. Sie hatte ihn sogar als ein Schwein bezeichnet, das bestraft werden müsse, das war mir dann schon etwas zu herb gewesen, aber vielleicht hat sie ja früher mit Männern schlechte Erfahrungen gemacht. Jedenfalls hat sie sich dann aber wieder schnell beruhigt und dann war's wirklich harmonisch. Auch aus ihrem Leben hat sie mir so einiges erzählt. Sie ist als Waise aufgewachsen, ihre Mutter sei eines Tages spurlos verschwunden, ihr Vater kurze Zeit später infolge eines Unfalls verstorben. Danach sei sie bei ihren Großeltern aufgewachsen, von denen sie dieses Haus geerbt habe. In der Pubertät hätte sie mächtig über die Stränge geschlagen, Sex und Drogen und so, hätte dann aber die Kurve gekriegt, Schule und Ausbildung zur Fremdsprachenkorrespondentin erfolgreich abgeschlossen und schließlich ihr Coming-out gehabt. Seit zehn Jahren lebe sie nun schon mit Bea in einer glücklichen Beziehung. Während sie mir das erzählte, hatte sie sogar Tränen in den Augen – die Beziehung muss schon sehr glücklich sein. Männer jedenfalls würden sie nicht mehr interessieren.

Die Zeit mit ihr verging wie im Flug, und ehe wir uns versahen, war es Abend geworden und ich musste wieder aufbrechen. Vorher habe ich aber von uns beiden noch mit meinem Handy zur Erinnerung ein Selfie gemacht und mit Birgit vereinbart, dass wir uns unbedingt mal wiedersehen müssen. Eine nette Frau – ich bin heilfroh, dass ich mich damals in der Stadt mit Bastian getäuscht haben muss und, dass ich der KOK Schreiner nichts von meinem vagen Verdacht erzählt habe.

Und morgen fliege ich dann nach Rom, bin gespannt, ob ich dort etwas über Bastian herausfinde. Davor werde ich aber noch Max verführen, mal schauen, ob er mitspielt. Der arme Max, er glaubt, dass ich morgen ein paar Tage zu meinen Eltern fahre, aber ich hätte ihm das mit Rom nie und nimmer erzählen können, auch wenn ich jetzt doch ein bisschen ein schlechtes Gewissen habe. Aber er würde mich mit meinem Babybauch noch nicht einmal nach Österreich fahren lassen.

GERTI IN ROM

ROM. ENDLICH. MIT S- und U-Bahn war Gerti am frühen Morgen des drauffolgenden Tages, nachdem sie sich von Max mit sehr zwiespältigen Gefühlen ob ihres doppelten Spiels verabschiedet hatte, zum Flughafen Franz-Josef-Strauß gefahren. In den Flieger nach Rom eingecheckt, hatte sie Glück gehabt und einen Fensterplatz ergattert, auch wenn sie einige skeptische Blicke der Stewardess und ihres Platznachbarn auf ihren Babybauch hatte über sich ergehen lassen müssen, ehe der Flieger pünktlich um 10:14 Uhr abhob und mit ihr durch den strahlend blauen Herbsthimmel gen Italien entschwebte. Die Alpen lagen wie von Riesenhand hingewürfelt in klarem, vormittäglichem Licht. Durch die große südlich davon gelegene Ebene wand sich dunkel und geheimnisvoll glitzernd wie eine Anakonda der Fluss Po. Die Hügel der Toskana brandeten in grünen, ockerfarbenen und braunen Wogen gegen die Berge des Apennins. Dann ging es hinunter nach Umbrien, vorbei am Trasimenischen See gen Latium, wo sich das Flugzeug in weitem Bogen über das Meer nach Rom hin senkte. In Fiumicino gelandet nahm sich Gerti nach dem Auschecken eines der dort wartenden Taxis in die Stadt ins Hotel Victoria, Via Campania. Die Luft in Rom war zwar noch sommerlich warm, aber von einer angenehmen, herbstlichen Kühle durchfächelt, die eine leichte Brise vom Meer mit sich brachte. Gerade richtig für eine doch schon etwas fortgeschrittenere Schwangere, wesentlich besser jedenfalls als diese drückende Schwüle, die vor allem im Sommer häufig über der Stadt lastet. Vorbei an St. Maria Maggiore führte sie ihr Weg entlang der großen aurelianischen Mauer. In deren Schatten befand sich, nahe der Porta Pinciana, unweit der in den siebziger Jahren als Schaufenster und Flaniermeile vieler

Filmstars berühmt gewordenen Via Vittorio Veneto, das Hotel Victoria. Nachdem sie den Taxifahrer entlohnt und dieser mit Blick auf ihren Schwangerschaftsbauch beflissen ihr Gepäck ins Hotel getragen hatte, wurde sie dort vom diensthabenden Portier, einem kleinen, untersetzten Italiener in Empfang genommen. Sein kahles Haupt glänzte wie eine polierte Billardkugel und seine kleinen Augen blickten schelmisch in die Welt. Gerti, die in der Schule zwei Jahre Wahlkurs Italienisch bei Herrn Jobst, er sei gesegnet für seine Mühen, genossen hatte, konnte sich leidlich mit ihm unterhalten, verstand sogar den einen oder anderen Scherz des Portiers und bekam schließlich nach den Aufnahmeformalitäten Zimmer 212 im zweiten Stock zugeteilt. Ein sehr junger, sehr hübscher – wie Gerti mit Kennerblick feststellte – Hotelangestellter half ihr mit den Koffern, zeigte ihr das Zimmer und freute sich sehr über das Trinkgeld, für das er sich bei der Donna belissima tausendmal bedankte. Gerti, erschöpft vom Flug und der langen Taxifahrt, ließ sich auf das große Doppelbett plumpsen und war, kaum, dass sie ihre Turnschuhe ausgezogen und von sich geschleudert hatte, auch schon eingeschlafen. Gegen 18:00 Uhr erwachte sie erholt und voller Tatendrang und nahm im luxuriösen, mit viel Marmor und einem Riesenspiegel eingerichteten Bad eine Dusche. Diese stellte sie vollends wieder auf die Beine und Gerti beschloss, ihren ersten Tag in Rom mit einem abendlichen Spaziergang auf den Spuren Sophia Lorens und Anita Ekbergs zu krönen. In der Nähe des Trevibrunnens gedachte sie danach im kleinen Ristorante Piccolo Arancio, Vicolo Scanderbeg 112, zu Abend zu essen – diesen heißen Tipp hatte sie von Theo, einem Bekannten aus der Uni erhalten. Die Recherchen, so viel stand fest, mussten einstweilen bis zum nächsten Tag warten.

Gerti zog ihr leichtes, geblümtes, beigefarbenes Umstandssommerkleid an, dazu ihre Lieblingsturnschuhe, grün mit Gänseblümchen, in denen sie am besten laufen konnte, hing sich ihren sonnenblumengelben, kleinen Rucksack, in den sie vorsichtshalber noch eine dünne, hellbraune Strickjacke gepackt hatte, über die Schultern und stiefelte los. Nach ein paar Metern entlang der aurelianischen Mauer hatte sie die Porta Pinciana erreicht, wo die Via Vittorio Veneto ihren Ausgang nahm. Vorbei an Luxushotels und Cafés, die mit ausgehängten Fotos an ihre illustre Kundschaft aus der großen Zeit des italienischen Films erinnerten, schwang sich die Straße in weitem Rechtsbogen hinunter zur Piazza Barberini, in dessen Mitte der 1643 von Bernini vollendete Tritonenbrunnen alle Blicke auf sich zog. Staunend stand Gerti vor dem Brunnen aus Travertin, wo ein muskulöser Heroe auf einem Postament aus vier Delphinen ruhend aus einem Tritonshorn eine riesige Wasserfontäne in den Himmel speit. Im abendlichen Licht der untergehenden Sonne erschienen die den Platz umstellenden Häuser in klaren, kräftigen Farben mit scharfen Konturen und schwarzen Schatten, wie von Künstlerhand modelliert. Dazu kam der azurblaue Himmel und der in den Strahlen der sinkenden Sonne glitzernde Strahl der Wasserfontäne. Es war ein nahezu unwirkliches Bild absoluter Schönheit und Harmonie. Gerti war hingerissen und von jenem Augenblick an in diese Stadt unsterblich verliebt. Jedoch meldete sich bei ihr nun doch auch langsam der Hunger und da sie für zwei essen musste und selbst der schönste Anblick nichts taugte, wenn er hungrig genossen werden muss, wandte sie sich von der Piazza Barberini in die Via del Tritone und von dort noch gut 500 Metern nach links in das Gassengewirr hinter der Fontana di Trevi. Nach längerem Suchen fand sie das Gässlein namens Vicolo Scanderbeg, und darin das Ristorante Piccolo Arancio, welches aufgrund eines Schildes, das eine kleine Orange mit grünem Blatt zeigte, nicht zu übersehen war. Eines der sechs Tischchen, das in der Gasse vor dem Ristorante stand, war noch frei und so nahm Gerti mit einem Seufzer der Erleichterung und der Vorfreude auf einem der zwei Stühle, die sich an dem kleinen Tisch gegenüberstanden, Platz.

†

Gertis Tagebuch

Freitag 2.10.2015

Der Tipp vom Theo mit der kleinen Orange war sagenhaft. Ich habe selten so gut gegessen wie in diesem gemütlichen Restaurant irgendwo in den Gassen hinter dem Trevibrunnen. Das ging schon mit der Vorspeise los. Ich habe gebackene Artischocke genommen, weil ich so etwas noch nie gegessen hatte und richtig neugierig war. Ein Traum. Ein ganzer Artischockenkopf gebacken, butterweich und zart. Ich war hin und weg. Dann der Hauptgang, Babyziege auf römische Art zubereitet, mir fehlen die Worte – der Duft, die Gewürze. Dann als Krönung des Ganzen: Lemon Mousse zur Nachspeise, göttlich. Dazu in der abendlichen Wärme in diesem kleinen Gässchen zu sitzen, die Menschen über das malerische Natursteinpflaster flanieren zu sehen, schräg gegenüber neben einem kleinen Brunnen ein alter, roter Fiat Cinquecento, mein Lieblingsauto und für mich der Inbegriff des italienischen Lebensgefühls an sich, was kann es Romantischeres geben. Danach, es war schon dunkel geworden, bin ich noch die paar Meter zum Trevibrunnen hinunter geschlendert. Es waren nur noch wenige Leute da und so habe ich mich auf ein Bänkchen gesetzt und den Wasserkaskaden und Fontänen zugesehen. Ein magischer Moment, wie das Wasser beleuchtet von den Lampen, die den Brunnen in helles Licht tauchen, glitzernd und funkelnd aus den Speiern in das Becken sprudelte und gluckerte, nur um sich dort mit dem goldenen Schimmern Abertausender Münzen zu vereinigen, die die Besucher des Brunnens in der Hoffnung auf eine Wiederkehr dort gelassen hatten. Ich verspürte unbändige Lust wie einst Anita Ekberg in den Brunnen zu steigen und nur der Gedanke an meine Schwangerschaft und der Polizist, der den Brunnen mit Argusaugen bewachte, haben mich davon abgehalten. Eine 50 Cent Münze habe ich aber dann doch ins Wasser geworfen, denn ich will mit Max und dem Kind irgendwann einmal wiederkommen. Danach bin ich gemütlich die Via Veneto wieder hochgelaufen, um dann zur Krönung des Abends in einem wunderschönen Café am oberen Ende der Straße mit traumhaftem Blick auf die beleuchtete aurelianische Mauer und die Porta Pinciana den Abend bei einer Tasse Cappuccino ausklingen zu lassen. So kann's ruhig weitergehen. Jetzt bin ich aber müde und gehe ins Bett, denn morgen habe ich so einiges vor.

Am nächsten Tag stand Gerti zeitig auf und begab sich zum Frühstück auf die Dachterrasse, für die das Hotel Victoria berühmt ist. Von der goldgelben Morgensonne beschienen, glich diese Terrasse einem mediterranen Hain, bestanden mit großen Zitronen-, Oliven- und Orangenbäumen, dazwischen Rosenbüsche, an denen die letzten Rosen schwer ihre Köpfe neigten. Violettrote und orangefarbene Bougainvilleas schwelgten neben kühn gebogenen Rispen hellblau blühender Bleiwurz. Dazwischen waren lose die für den Morgenkaffee gedeckten Tischchen verstreut, umgeben vom Duft der Pflanzen und dem Farbenmeer der Blüten und Früchte. Von der Terrasse aus schweifte der Blick hinüber zur aurelianischen Mauer und den Park der Villa Borghese und weit über die Dächer Roms, über denen feiner morgendlicher Dunst aufstieg. Aufmerksame Kellner wuselten durch die Szenerie, Kaffee und Tee einschenkend, dazu gab es ein Frühstücksbuffet, das keine Wünsche offenließ. So oder so ähnlich musste das Paradies sein. Gerti hatte auf ihren Knien einen Stadtplan des Zentrums von Rom ausgebreitet, um die an diesem Tag anstehenden Recherchen zu planen und die dazu kürzesten Wege auszukundschaften, als plötzlich ihr Handy klingelte. Es war Max. Hoffentlich hatte er nicht Lunte gerochen.

»Wo bist du Gerti?« Der leise Vorwurf im Ton seiner Stimme war nicht zu überhören.

»Warum, wo sollte ich denn sein?« Sie versuchte, so unschuldig wie nur irgend möglich zu klingen.

»Tu nicht so scheinheilig, Gerti. Zu Hause bei deinen Eltern bist du jedenfalls nicht, denn die haben grade eben bei uns in der WG angerufen und wollten dich sprechen.«

Oh je, ertappt. Da half nur die Flucht nach vorn.

»Jetzt tu dich mal nicht ab, ich bin ganz kurzfristig nach Rom geflogen, bin aber bald wieder daheim. Und, bevor du mich fragst, mir und dem Kind geht es hervorragend.« Mit etwas Glück würde sie ihn überrumpelt haben.

Stille in der Leitung, noch mehr Stille, dann ein tiefer Atemzug.

»Sag mal, spinnst du? Was machst du denn für Sachen?!« Diese Seite an Max kannte sie gar nicht.

»Na ja, du kennst mich doch schon ein wenig, so bin ich nun mal, wenn ich mich wo festgebissen habe, dann will ich es schon ganz genau wissen. Es gibt wegen Bastian noch ein, zwei Sachen, die ich gerne wissen möchte und im Übrigen wollte ich schon immer mal nach Rom. Verdient habe ich es mir ja auch, weil ich so gut war in der Prüfung.« Die letzten Worte versuchte sie so locker wie möglich rüberzubringen.

»Solltest du das nicht besser der Polizei überlassen?« Scheinbar funktionierte ihre Taktik und Max schien sich zumindest ein wenig beruhigt zu haben.

»Du, ich bin echt ganz vorsichtig, schon allein wegen des Kindes. Brauchst auch nicht zu kommen, ich hab' alles im Griff! Jetzt muss ich aber Schluss machen, mein Akku ist leer. Bussi, ich hab' dich lieb.«

Am anderen Ende war ein Seufzer der Ergebenheit zu hören.

»Ich dich auch Gerti. Mach' nichts Unüberlegtes und komm' bald wieder, du fehlst mir nämlich.« Er schien sich mit der Situation abgefunden zu haben.

»Du mir auch! Ciao, Max!«

Puh, gerade noch hingekriegt, das war knapp. Ein Glück, dass ihr das mit dem Akku noch eingefallen war.

Zurück zum Stadtplan. Auf Gertis Agenda stand der Besuch des Hotels Millefiori, wo sie interessante Informationen über die letzten Tage von Bastian zu erhalten hoffte. Wie sie schon herausgefunden hatte, befand sich das Hotel in einer kleinen Gasse unweit der Piazza Navona. Da ihr eigenes Hotel in Laufnähe der Altstadt lag, gedachte sie ihre Eindrücke von Rom zu erweitern, indem sie den Fußweg über die Via Porta Pinciana und die Via Sistina zur Kirche Trinita del monte oberhalb der Spanischen Treppe nahm. Von dort aus wollte sie durch eines der Gässchen, die von der Spanischen Treppe Richtung Via del Corso führten, schlendern und von diesem aus dann zum Pantheon und von dort zur Piazza Navona gelangen. Auf ihrem Weg gedachte sie in der Via dei Condotti unweit der Spanischen Treppe das Antico Café Greco zu besuchen, von dem es in ihrem Reiseführer hieß, dass man es, wenn man schon in Rom wäre, unbedingt gesehen haben müsse. Das Ganze war für eine fortgeschritten Schwangere allerdings ein ordentlicher Fußmarsch, daher musste sie sich ihren Weg und ihre Zeit gut einteilen. Da kamen ihr die vielen Cafés und Sehenswürdigkeiten, die am Weg lagen, gerade recht.

Da der Tag schön und warm zu werden versprach, zog sie, nachdem sie ihr Frühstück beendet hatte, ihr leichtes, blaues Leinenkleid an – das hatte sie sich erst vor einigen Tagen gekauft, da sie ständig aus ihren Kleidern hinauswuchs. Dazu wieder ihre Turnschuhe von gestern – die waren einfach am bequemsten – und packte sich ihren gelben Rucksack gefüllt mit Blasenpflaster, einer Mineralwasserflasche, einigen Schokoriegeln, der Straßenkarte, einen Stadtführer und der leichten Wolljacke auf den Rücken. Auf die Nase kam ihre neue Sonnenbrille mit den coolen großen Gläsern, auf den Kopf ein Strohhut gegen die Hitze mit einem orangegeblümten Tuch als Hutband. Dann konnte es losgehen.

Langsam schlenderte Gerti zunächst entlang der in weitem Bogen rechts nach unten verlaufenden Via Porta Pinciana in Richtung Via Sistina. Die Luft war erfüllt vom betörenden Duft der Orangenbäume, die die Straße säumten und die trotz der

Jahreszeit immer noch blühten und deren Blüten sich zu den Orangenfrüchten gesellten, die in allen Stadien ihrer Entwicklung die Bäume zierten. Immer wieder musste Gerti stehen bleiben, um den wunderbaren Duft tief in sich einzusaugen. Über die Via Sistina erreichte sie schließlich den Aufgang zur Kirche Trinita del monte am oberen Ende der Spanischen Treppe, von wo sie einen unvergleichlichen Ausblick auf die im morgendlichen Licht daliegende Altstadt und den Petersdom genoss.

Gertis Tagebuch

Samstag 3.10.2015

Das habe ich heute gut hingekriegt, ich bin ganz stolz auf mich. Doch alles schön der Reihe nach. Nach dem Frühstück bin ich den Hügel, auf dem die Villa Borghese und mein Hotel liegen, hinunter Richtung spanische Treppe gelaufen – ein Wahnsinnsausblick von dort über die Stadt, bezaubernd! Das Licht, die Geräusche, die sich aus den Häuserschluchten erhoben, die Gerüche, die dort oben zusammenflossen. Von dort dann die Treppe hinunter, die schon von Touristenmassen überflutet war. Durch die Menge hindurch, in die Via dei Condotti, wo ich unbedingt im Café Greco einen Cappuccino trinken wollte – da müsse man hin, wurde mir gesagt, wenn man schon in Rom sei. Hat sich auch gelohnt. Die vielen kleinen Nischen mit den Kaffeetischen, die unglaubliche Menge an Bildern, Spiegeln, die Kellner im Livree, man muss es gesehen haben. Der Cappuccino war allerdings sündhaft teuer, aber gut. Danach gestärkt die Via hinunter zum Via del Corso mit seinen vielen Geschäften. Dort links abgebogen und erst einmal schön langsam an den Schaufensterfronten entlanggebummelt. Da hätte mir schon vieles gefallen, aber bei meinem schmalen Budget ... Dann am Collegio Romano nach rechts zur Piazza della Minerva zu einem Besuch bei Berninis fröhlichem Elefanten, der den Dominikanern seinen faltigen Hintern zuwendet, während er mit Leichtigkeit seinen Obelisken zu tragen scheint und dem Betrachter schelmisch zuzwinkert. Von dort bin ich dann die paar Meter zum Pantheon vorgelaufen, in dessen unglaublich weitem Inneren es angenehm kühl war. Durch das Loch in seiner Kuppel fiel ein Sonnenstrahl schräg ins Innere des Tempels und beleuchtete eine der Deckenkassetten, die früher mit Bronze verkleidet gewesen waren, bevor der Tempel 663 von Konstantinus dem II. geplündert wurde. Unter Papst Urban VIII wurde das Pantheon übrigens ein zweites Mal geplündert und die Bronzeauskleidung der Vorhalle entfernt, die Bernini dann einschmelzen ließ, um daraus den Baldachin im Petersdom anzufertigen. Jaja, die Götter haben gewechselt, aber das edle Metall, das die Macht der Götter und ihrer irdischen Vertreter demonstrieren sollte, blieb dasselbe. Im Boden des Pantheons gibt es im Übrigen ein ausgeklügeltes Abflusssystem, dessen Abflusslöcher im spiegelnden Marmor kaum auffallen, doch das muss so sein, denn das Loch in der Kuppel ist offen und es regnet dort seit fast 2000 Jahren hinein, ohne dass das Gebäude dadurch nennenswerten Schaden genommen hätte. Der Brunnen vor dem Eingang des Pantheons war leider außer Betrieb, ein städtischer Bautrupp erledigte dort einige offenbar notwendig gewordene Wartungsarbeiten.

Jetzt war ich der Piazza Navona schon ganz nahe, ich wollte vorher nur noch in die Kirche San Luigi dei Francesi, in der, wie man mir sagte, drei Bilder Caravaggios hängen würden, jenes von allerlei Mythen ob seines unsteten, ja liederlichen Lebenswandels umwobenen Malers. Er, der durch seine Licht-Schatten-Technik eine ganz neue, naturalistische Dimension in die Malerei des späten sechzehnten Jahrhunderts eingeführt und dadurch einen bis heute wirksamen Einfluss auf die Malerei ausgeübt hatte. Und tatsächlich, von außen relativ unscheinbar, öffnete sich die Kirche in ihrem Innern zu unglaublicher Pracht. Das Ganze wurde noch übertroffen durch die drei in einer Seitenkapelle vorne links hängenden Gemälde Caravaggios, die das Leben des heiligen Matthäus darstellen sollen. Staunend stand ich davor. Die Bilder waren so ganz anders als die, die man sonst in Kirchen zu sehen bekommt. Es waren eher Alltagsszenen aus dem Leben der Menschen der damaligen Zeit, vom Künstler durch seitlich hereinfallendes Licht scharf herausmodelliert. Der Blick wurde durch das Licht hingezogen zum eigentlichen Thema des jeweiligen Bildes. Es war wie ein Wunder, man hatte mir nicht zu viel versprochen. Ich konnte mich lange nicht von diesem überwältigenden Eindruck losreißen, nur der Gedanke an den eigentlichen Grund meiner Romreise ließ mich schließlich die Kirche wieder verlassen und die Piazza Navona, die gleich dahinterlag, betreten.

Breit lag die Piazza vor mir, im strahlenden Licht der Mittagssonne, gleißend weiß die drei Marmorbrunnen, allen voran der riesige Vierflüssebrunnen von Bernini und die dahinterliegende Kirche Sant Agnese in Agone. Über all dem wölbte sich der strahlend blaue Herbsthimmel. Der Platz in seiner Gänze ließ noch seinen Ursprung als römisches Stadion erahnen, folgte die Randbebauung durch die Häuser doch genau den ehemaligen Stadiontribünen, auf deren Fundamenten die Häuser errichtet waren. Ich für meinen Teil hielt mich jedoch nicht lange auf der in der herbstlichen Mittagssonne glühenden Piazza auf. Das hatte ich für den Abend geplant. Ich steuerte ein kleines Seitengässchen in der Nähe der Chiesa Nuova an, in dem sich das Hotel Millefiori befand.

Schon von Weitem erkannte ich das Hotel, dessen Aussehen mir noch von meinen Internetrecherchen bekannt war an seiner rötlich braunen Farbe und den grünen, hölzernen Fensterläden. Der schmale Renaissancebau steckte wie eingepfercht zwischen zwei Häusern ähnlicher Bauart, die jedoch ungleich heruntergekommener wirkten als das offenbar noch vor nicht allzu langer Zeit restaurierte Hotel. Im Erdgeschoss des Etablissements, in das eine grüne Holztür führte, deren Sprossen Fenster aus bräunlichem Glas umrahmten, befand sich ein kleines Café. Auf dem Vorplatz luden kleine, runde Tische zu beschattetem Verweilen ein. Das kam mir jetzt gerade recht, machte sich die Schwangerschaft nach dem langen Fußmarsch mittlerweile doch deutlich bemerkbar. Auf den letzten Metern war mir regelrecht die Puste ausgegangen und meine Gebärmutter meldete mit leichtem Ziehen ihren Anspruch auf Ruhe an. Jetzt waren erst einmal ein großes Mineralwasser, ein Cappuccino und Tomaten mit Mozzarella, die mich von einer bunt bebilderten Speisekarte regelrecht anlachten, angesagt. Das tat unbeschreiblich gut. Nachdem ich mich derart gestärkt hatte, betrat ich das Innere des Cafés, wo sich zur Rechten eine kleine Rezeption befand, wo eine mürrisch wirkende Alte kauerte, die in ein Klatschblatt vertieft war. Nachdem ich ein paarmal gehüstelt und ein leises »Signorina, per favore?« gemurmelt hatte, ließ sie sich dazu herab, langsam ihren Kopf zu heben und musterte mich mit misstrauischem Blick von oben bis unten.

»Was wollen Sie?« Mein Italienisch ist leidlich gut, sodass ich mich mit ihr zufriedenstellend in ihrer Muttersprache unterhalten konnte, was zumindest das Eis etwas brach.

Ich hielt ihr ein Foto von Bastian unter die Nase.

»Kennen Sie zufällig diesen jungen Mann hier?«

Mit zusammengekniffenen Augen blickte die Alte mir direkt ins Gesicht.

»Wer will das wissen?«, fragte sie mit skeptischem Stirnrunzeln.

»Er ist ein Freund von mir und ist von einer Reise nach Rom nicht wieder nach Hause gekommen. Er müsste bei Ihnen abgestiegen sein.« Ich versuchte, mein freundlichstes Lächeln aufzusetzen.

Die Alte schob ihre Lesebrille, die auf ihrer Nasenspitze gethront hatte, hoch und musterte das Bild.

»Armer Junge. Er ist tot. War nur einen Tag hier mit seiner Frau. Die Polizei hat mich schon alles gefragt, was ich weiß.«

Sprach's und versenkte ihr Haupt wieder in den bunten Bildern des Magazins, das sie in den Händen hielt.

Ich tat überrascht, ja erschüttert und hielt ihr, einer plötzlichen Eingebung folgend, mein Handy unter die Augen, auf dem ich das Selfie, das ich mit Birgit Eisner gemacht hatte, angeklickt hatte.

»Könnte diese Frau seine Begleiterin gewesen sein, bitte?«

»Ist möglich«, brummelte sie, »hatte aber immer die Sonnenbrille auf ... Fragen Sie Francesco, den Penner, der ist morgen wieder da. Er kommt jeden Sonntag bei uns vorbei. Der hat mit denen kurz geredet.«

Damit war unser Gespräch für sie beendet, sie versank wieder in ihrer Lektüre und hob nicht einmal mehr ihren Kopf, als ich mich tausendmal bei ihr bedankte.

Immerhin, das war schon mal eine vielversprechende Spur, der ich morgen würde weiter folgen müssen. Zum Glück geht mein Flug erst um 19:25 Uhr. Den Rest des Tages habe ich dann auf der Piazza Navona zugebracht, mir die Sonne auf den Babybauch scheinen lassen und den Herrgott einen guten Mann sein lassen. Am Abend bin ich dann wieder über die Vicolo Scanderbeg, wo ich mir in der »Kleinen Orange« eine sensationelle Pasta mit Zucchiniblüten und Sahnesoße schmecken ließ und die Via Vittorio Veneto zurück zum Hotel geschlendert und falle jetzt, nachdem ich mit letzter Kraft diese Zeilen zu Papier gebracht habe, todmüde ins Bett.

Am nächsten Tag, einem Sonntag, wachte Gerti zeitig auf, packte hastig ihren Koffer, stellte ihn einstweilen an der Rezeption ab, bis sie wiederkäme, bezahlte ihre Rechnung und nahm ein schnelles Frühstück ein. Denn es galt Francesco, den Obdachlosen, ausfindig zu machen und wer wusste schon, wie viel Zeit das in Anspruch nehmen würde. Mit einem Taxi, der Stand befand sich glücklicherweise unmittelbar vor dem Hotel Victoria, ließ sie sich direkt zum Hotel Millefiori bringen, wo sie ganz augenscheinlich Glück hatte. Vor dem Café lungerte ein abgerissen wirkender, älterer Mann mit verfilzten, grauen Haaren, wettergegerbter, sonnengebräunter Haut, unzähligen Falten im Gesicht und einem verschlissenen, grünen Militärrucksack auf dem Rücken herum.

»Entschuldigen Sie, sind Sie Francesco?«

Der Mann fuhr herum und blickte sie aus wässrig blauen Augen an.

»Ja, wieso?« Das ledrige Gesicht schaute sie fragend an.

»Darf ich Sie zu einem Frühstück einladen? Sie können mir vielleicht helfen.«

Ein Lächeln huschte über das Gesicht des alten Mannes, gerne nehme er das freundliche Angebot an. Er könne sich aber beim besten Willen nicht vorstellen, wie er der netten, großzügigen und obendrein hübschen Signorina helfen könne.

Nachdem er mit gesundem Appetit gefrühstückt hatte und sich einen Verdauungsschnaps schmecken ließ, zeigte Gerti ihm das Foto von Bastian und ihr Selfie. Freilich könne er sich noch an das junge Paar erinnern, sie seien es ganz bestimmt, er hätte kurz mit ihnen geplaudert, bevor sie sich, jeder mit einer Champagnerflasche bewaffnet, zu einem Abendspaziergang in die Gassen der Altstadt aufgemacht hatten. Da er ohnehin den ganzen Tag nichts zu tun hätte, käme ihm jede Abwechslung recht und so sei er, neugierig geworden, ihnen sogar noch gefolgt, in gebührendem Abstand selbstredend. Sie hätten sich dann auf ein Bänkchen gesetzt, dort sei dem Mann übel geworden und er sei zusammengebrochen. Seine Frau und eine andere Dame, die dazugekommen sei, hätten ihn dann in ein Haus geschleppt, das sie nicht wieder verlassen hätten, in dieser Nacht zumindest nicht. Er selbst sei am folgenden Morgen wieder seiner Wege gegangen. Er könne ihr das Haus aber gerne zeigen, wenn sie möchte. Bei so einer schönen Einladung zum Frühstück, da sei es das Mindeste. Die Polizei, genauer ein gewisser Commissario Fabrese, hätte ihn dazu auch schon befragt, dem hätte er aber nichts erzählt, der sei nicht sehr freundlich zu ihm gewesen. Volltreffer, Gerti war Feuer und Flamme und so machten sie sich beide auf den Weg in die verwinkelten Gässchen hinter dem Ufer des Tiber, bis sie vor einem heruntergekommenen Haus in einer ganzen Reihe ähnlich verwahrloster Häuser standen.

»Dort hinein sind sie verschwunden?« Gerti konnte kaum sich kaum noch zurückhalten.

»Si, Signorina!« Der alte Mann schien sich sehr zu freuen, ihr helfen zu können. Gerti war er sehr sympathisch.

Das musste sie, neugierig geworden, sich nun doch genauer ansehen und so bat sie Francesco, noch ein kleines Weilchen aufzupassen, dass niemand das Haus beträte und, falls jemand käme, ihn gegebenenfalls so lange abzulenken, bis sie das Haus wieder verlassen habe. Francesco versprach es hoch und heilig und so betrat Gerti das Haus durch die nur angelehnte, mit abgeblättertem, braunem Lack überzogene, knarrende Holztür. Sie befand sich alsbald in einem heruntergekommenen, muffig wie in einer Gruft riechenden Treppenhaus, in dem der schmutzig gelbe Putz in großen Fladen von den schimmligen Wänden blätterte. Leise schlich sie die ausgetretene dunkelbraune Holztreppe nach oben, was nicht so einfach war, da die alten, abgenutzten Treppendielen bei jedem Schritt ächzten und knarzten. An jedem Treppenabsatz gingen zwei ehemals weiß lackierte, nun genauso wie das ganze Haus verwahrloste, angegraute Holztüren ab, deren Lack, von vielen Rissen zerfurcht, wie von riesigen Spinnweben überzogen schien. Hinter diesen Türen vermutete sie Wohnungen, in denen es nicht besser aussehen mochte als im Treppenhaus. Aus einer der Türen im zweiten Stock drang ein leises Stöhnen. Gerti blieb vorsichtig vor der Türe stehen und lauschte. Tatsächlich, da war es wieder. Ein beinahe nicht menschlich zu nennendes Stöhnen war aus der hinter der Tür liegenden Wohnung zu vernehmen. Dazu war es Gerti, als hätte sie das Wort »Help« gehört. Wie von Furien gejagt machte sie auf dem Absatz kehrt und stürzte die Treppe hinunter, so schnell ihr Zustand es zuließ. Nur hinaus aus dem gruseligen Haus, weg von hier in die nächste größere Straße, Francesco im Schlepptau, den sie hastig an der Hand gepackt hatte. Das Ganze war ihr dann doch zu unheimlich geworden. Dort kramte sie mit zitternden Händen ihr Handy aus dem Rucksack und wählte die 113, die Notfallnummer der römischen Polizei.

Keine zehn Minuten später war in der kleinen Gasse die Hölle los. Gerti, die ihre Anzeige anonym abgegeben hatte, postierte sich mit Francesco an einem Tischchen in einem kleinen Café in der Hauptstraße gegenüber der schmalen Einfahrt in das Gässchen, von wo sie bei Kaffee und Mineralwasser die Szenerie genau beobachten konnten.

Zunächst war ein Polizeiauto langsam in die Gasse abgebogen, zwei Carabinieri waren ausgestiegen und hatten das Haus betreten, während ein dritter bei laufendem Motor im Auto wartete. Plötzlich wurde es im Einsatzwagen hektisch, der verbliebene Polizist begann wie wild zu telefonieren und sprang schließlich mit gezückter Waffe aus dem Auto und verschwand ebenfalls im Haus. Kurze Zeit später kamen mehrere Mannschaftswagen mit Blaulicht, Martinshorn und quietschenden Reifen herangerast, blockierten die Einfahrt in die Gasse und spuckten mindestens ein Dutzend Beamte, offenbar ein Sondereinsatzkommando, aus, die alle bis an die Zähne bewaffnet und mit Helmen geschützt waren. Auch diese verschwanden im Haus, während ein Beamter, offensichtlich eine Art Einsatzleiter, in ein Handy jede Menge Anweisungen brüllte. Schließlich kamen auch noch ein Ambulanzfahrzeug, aus dem zwei Sanitäter und ein Notarzt sprangen, und eine Art Feuerwehreinsatzfahrzeug angebraust, aus welchem Männer mit einem Bolzenschneider sowie einer Flex zum Schneiden von Metall stürzten und sich ihren Weg durch die mittlerweile immer größer werdende Schar von Gaffern, die die Straße bevölkerten, zum Einsatzort bahnten. Dann geschah eine Zeit lang gar nichts, außer, dass Polizeibeamte nach und nach die Straße von den Schaulustigen freimachten und die Gasse vorne und hinten mit Trassierbändern abriegelten. Schließlich kamen mehrere Beamte aus dem Haus, die drei, mit Handschellen gefesselte, um die dreißig Jahre alte Südländerinnen mit sich führten, diese grob in einen der Mannschaftswagen verfrachteten und mit Karacho davonfuhren.

Das war doch alles sehr mysteriös. Darauf konnte Gerti sich nun wahrhaftig keinen Reim machen und verfolgte gebannt und mit offenem Mund den weiteren Fortgang des Dramas. Nach weiteren zehn Minuten verließen die Sanitäter und der Notarzt mit einer Bahre, auf der ein offenbar verletzter dunkelhäutiger Mann lag, dem man eine Infusion gelegt hatte, im Laufschritt den Ort des Geschehens, verfrachteten Mann und Bahre in den Ambulanzwagen und brausten unter lautem Getöse davon. Zu allerletzt trugen mehrere Feuerwehrmänner, die mit Schutzanzügen und Handschuhen bekleidet waren, mehrere metallene Teile, die an einen Käfig erinnerten, nach draußen. Diese wurden in einen eigens per Funk herbeigerufenen Polizeilastwagen, der wohl zur Spuren- und Beweissicherung diente, eingeladen.

Was mochte hier passiert sein? Rätsel über Rätsel, auch Francesco kam, unter lauten »Mamma mia« und »Madonna« Rufen aus dem Kopfschütteln nicht mehr heraus.

Die Zeit war während dieser nervenaufreibenden Ereignisse wie im Fluge vergangen und ein Blick auf die Uhr zeigte Gerti schließlich, dass es mittlerweile fünfzehn Uhr geworden war und sie daher schleunigst zurück zum Hotel musste, wollte sie noch pünktlich zum Einchecken am Flughafen sein. Mit dem Nachmittagsverkehr in Rom war auch am Wochenende nicht zu spaßen und speziell die Ausfallstraße zum Flughafen war, was das Risiko eines Staus anbetraf, durchaus berüchtigt.

Also verabschiedete sie sich rasch von Francesco, dem sie tausendmal für seine Hilfe dankte, was dieser jedoch nicht der Rede wert fand, da er dank Gerti heute mal wieder so richtig etwas erlebt hätte. Wenn sie wieder nach Rom käme, wüsste sie ja, wann sie ihn wo fände. Er würde sich freuen, bestünde dann doch wieder Hoffnung auf abenteuerreiche Tage.

Mit einem herbeigerufenen Taxi fuhr Gerti zurück ins Hotel, holte ihren Koffer und ließ sich über in der Tat recht verstopfte Straßen, auf denen es nur zäh vorwärtsging, zum Flughafen bringen, wo sie gegen 17:30 Uhr ankam. Nachdem sie den Taxifahrer bezahlt hatte, suchte sie erfolgreich den Check-in, erledigte die notwendigen Formalitäten und begab sich zum Boarding. Mit einem tiefen Seufzer der Erleichterung ließ sie sich in den Sitz fallen.

Was für ein Tag, Himmel noch mal! Sie musste jetzt auf dem Heimflug erst einmal ihre Gedanken und die vielen Eindrücke des Tages sortieren, um sich über ihre weiteren Schritte klar werden zu können. Sie kramte ihr Tagebuch aus ihrem Rucksack und schrieb:

Gertis Tagebuch

Sonntag 4.10.2015

Tatsache ist:

Birgit Eisner war definitiv mit Bastian in Rom – Warum, wo sie doch lesbisch ist und eine feste Partnerin hat?

Bastian, Birgit und weitere Personen waren in dem Haus, aus dem heute ein Mann aus einem Käfig befreit wurde.

Daraus ergeben sich folgende Fragen:

Wurde Bastian ebenfalls in diesem Käfig festgehalten und gar in diesem Haus ermordet und wenn ja, warum?

Welche Rolle spielt Birgit Eisner dabei oder hat sie gar eine Zwillingsschwester (dagegen spricht, dass ich in ihrem Haus kein Bild habe hängen sehen, das sie mit einer Zwillingsschwester gezeigt hätte)?

Das werde ich wohl nur herausfinden, wenn ich morgen noch einmal zu ihr fahre und sie mit meinen Erkenntnissen konfrontiere.

Kaum hatte Gerti diese Zeilen zu Papier gebracht, schlief sie auch schon vor Erschöpfung ein und erwachte erst, als das Flugzeug sicher in München gelandet war. Immer noch todmüde schleppte sie sich, nachdem das Kofferband endlich ihren Koffer ausgespuckt hatte, zur S-Bahn und kam schließlich erst spät in der Nacht im Kochelweg an. Dort war schon alles dunkel und still und Gerti fiel, nachdem sie sich nur oberflächlich gewaschen und ihren Schlafanzug angezogen hatte, in einen tiefen und traumlosen Schlaf, aus dem sie erst erwachte, als am nächsten Morgen sanft an ihre Türe geklopft wurde.

»Gerti? Bist du wach?« Max Stimme drang leise durch ihre Tür.

»Jetzt schon«, brummte Gerti und nahm wohlwollend Max Begrüßungsküsse in Empfang, bevor sie ihn in ihr Bett ließ, um noch eine Runde mit ihm zu kuscheln.

DER POLIZIST

ES WAR WIRKLICH immer wieder erstaunlich, wie berechenbar Männer doch waren. Ein paar tiefe, schmachtende Blicke, am besten von leicht schräg unten, den kirschroten Mund leicht geöffnet. Ein paar Komplimente über das wirklich sagenhaft gute Aussehen und schon hatte man sie an der Angel. So war es Ines auch mit dem Polizisten ergangen.

Sie hatte ihn schon erwartet, als er nach Dienstschluss die Polizeiinspektion verlassen hatte. Rein zufällig hatte sie ihre Handtasche offenstehen gelassen, Ungeschicklichkeit vorgetäuscht und den Inhalt ihres Täschchens auf dem Trottoir verstreut. In knappem Minikleid – es war praktischerweise, obwohl es Herbst war, noch spätsommerlich warm – mit offenherzigem Ausschnitt, der tiefe Einblicke auf ihre weiblichen Reize gestattete, kniete sie, Verzweiflung vorgaukelnd, vor dem Inhalt ihrer Tasche und bemühte sich mit ungeschickten Bewegungen diesen umständlich wieder einzusammeln.

»Kann ich Ihnen behilflich sein, schöne Frau?«

Der junge, gutaussehende Polizist war an sie herangetreten und beugte sich über das Durcheinander auf dem Bürgersteig. Ines war der interessierte Blick nicht entgangen, den er auf ihre Brüste geworfen hatte und auch nicht der Atemzug, mit dem er ihr Parfüm – »Temptation« hatte sie heute eigens aufgelegt – wahrnahm.

»Du hast schon gewonnen«, ließ die Stimme in ihrem Kopf verlauten.

»Gern, das ist aber reizend von Ihnen. Dafür darf ich Sie aber dann auch in der Bar da drüben auf einen Kaffee einladen und sagen Sie bitte nicht ›Nein‹«, flötete Ines mit verheißungsvollem Augenaufschlag, während sie ihr ohnehin kurzes Minikleid mit einer beiläufigen Bewegung ihres linken Handgelenks noch etwas weiter nach oben rutschen ließ. Sie bückte sich und sammelte mit ihm zusammen den Inhalt ihrer Handtasche ein.

Der Polizist, der offenbar gar nicht vorgehabt hatte, nein zu sagen, warf einen bewundernden Blick auf ihre Oberschenkel.

»Das trifft sich gut, ich habe heute noch nichts vor.« Grinsend hielt er ihr den Arm hin, damit sie sich bei ihm einhaken konnte.

Aus dem einen Kaffee wurden zwei, dazu gesellte sich Champagner, danach für beide noch ein »Swimming Pool«, und ehe der Polizist sich versah, fand er sich nach einer kurzen S-Bahn-Fahrt im Schlafzimmer seiner neuen Bekannten wieder. Dort wurde er nach allen Regeln der Kunst verführt und durfte den wohl besten Sex seines Lebens genießen. Nach einem Glas Aberlour-Single-Malt, den ihm seine Eroberung in einer Vögelpause kredenzt hatte, war er abrupt in einen tiefen, traumlosen Schlaf gefallen.

Als er erwachte, wusste er zunächst nicht, wo er sich befand und wie er an diesen Ort gekommen war. Nachdem sich seine Augen schließlich an das trübe, dämmrige Licht, das ihn umfing, gewöhnt hatten, musste er feststellen, dass er in einem kahlen Kellerloch gefangen war. Eine nackte Birne, die an einem Kabel von der Decke baumelte, erzeugte gerade genug Licht, um die Konturen des Raumes, der aus blankem Betonboden, weiß gekälkten Betonwänden sowie einer metallenen Brandschutztüre bestand, zu erkennen. Fenster waren keine vorhanden. Er selbst war mit Handschellen an Armen und Beinen gefesselt und saß nur mit einer Unterhose bekleidet auf einem wackligen Stuhl, der aus einfachen Metallrohren mit einer schäbigen Sitzplatte aus Holz und einer Rückenlehne aus offenbar demselben Material zusammengeschraubt war. Sein Mund war mit einem Klebeband verschlossen. Nur allmählich kehrte wie aus einem Nebel seine Erinnerung wieder. Die attraktive neue Bekannte, der Sex mit ihr, der Whisky. Die Erkenntnis durchzuckte ihn wie ein Blitz. Es war klar: Er war in eine Falle gelockt worden. Im Whisky mussten K.O.-Tropfen gewesen sein. Aber warum nur? Soviel er sich auch sein Gehirn zermarterte, da war nichts, er hatte niemanden etwas getan. Da war nicht die allerkleinste Kleinigkeit, die ihm eingefallen wäre. Sicher, er war Polizist, aber auch in seinem Beruf war er in den letzten Monaten in keine Situation geraten, die einen Racheakt wahrscheinlich machte. Auch privat hatte er nach der Trennung von seiner Lebensgefährtin zwar eine Kurzzeitbeziehung gehabt, aber man war in Freundschaft auseinandergegangen.

Mit einem metallischen Knirschen öffnete sich die Feuerschutztür und die Frau, mit der er vor Kurzem den besten Sex seines Lebens gehabt hatte, betrat den Raum. Sie war mit einem schwarzen Trainingsanzug und schwarzen Adidas-Turnschuhen bekleidet, in ihrem Mundwinkel hing eine Zigarette und sie lächelte spöttisch.

»Na, mein Süßer? Ich bin mir sicher, wir werden viel Spaß miteinander haben.« Mit spielerischen Bewegungen kam sie, fast schon tänzelnd, auf ihn zu und drückte ihre Zigarette an seiner Schulter aus.

GERTI BEI BIRGIT EISNER

Viel hatte Gerti Max am nächsten Morgen von ihren Erlebnissen in Rom nicht erzählt. Nur so viel, dass sie jetzt eine interessante Spur hätte, der sie heute unbedingt noch nachgehen müsse. Später am Abend, da hätte sie genügend Zeit, ihm alles in aller Ruhe zu erzählen, dann würde sie auch ganz brav sein und sich auf die Geburt vorbereiten, so wie sich das für eine ordentliche werdende Mutter auch gehöre. Doch jetzt müsse er sie noch einmal entschuldigen. Sie müsse mit dem Fahrrad noch wohin fahren, spätestens heute Mittag sei sie wieder da. So schwang sie sich aufs Fahrrad und radelte zu Birgit Eisner. Es war ein wunderschön sonniger, warmer Herbstmorgen und ein laues Lüftlein fächelte durch die Straßen der Stadt. Sie traf Birgit, als diese gerade mit einem Strauß Herbstastern in der Hand aus einer Ecke ihres Gartens in Richtung Haustüre ging.

»Hallo Birgit. Hast du kurz Zeit? Ich müsste dich noch was fragen.«

»Viel Zeit habe ich gerade nicht …, aber komm' ruhig rein, wenn's nicht allzu lange dauert.« Birgits Ton war ernster als Gerti es gewohnt war. Sie schien jedes Wort sehr vorsichtig abzuwägen. *Vorsicht*, schrie die Stimme in Birgits Kopf, *traue ihr nicht, sie ist böse, sie ist gefährlich für uns, sei auf der Hut!* Birgit hieß ihren Besuch, vor ihr in die Küche zu gehen, das Messer, mit dem sie soeben die Blumen abgeschnitten hatte, hatte sie noch in der Hand.

»Was willst du?« Birgits Stimme klang mit einem Mal richtiggehend feindselig, »spionierst du mir nach?«

»Also bitte, mach' dich nicht lächerlich. Ich wollte mit dir nur über Rom reden. Bin gestern zurückgekommen. Wann warst du eigentlich das letzte Mal da?« Noch während Gerti die letzte Frage stellte, bereute sie, überhaupt hierher gefahren zu sein. Was war sie doch für eine blöde, neugierige Kuh gewesen.

Mit einer katzenhaften Bewegung war Birgit in der nächsten Sekunde bei Gerti, hatte diese, noch bevor sie zu reagieren in der Lage war, grob mit ihrem linken Arm um Hüfte und Bauch gepackt und hielt ihr mit der rechten Hand das Messer an die Kehle. *Mein Kind!*, schrie es in Gerti. *Mein Kind, mein Kind!* In dem Moment wurde ihr, wie unter einem Brennglas klar, wie töricht es gewesen war, Birgit Eisner so völlig alleine und ohne jeden Schutz aufzusuchen.

Töte sie! Töte sie, kreischten die Stimmen in ihr, doch ehe Birgit deren Befehl Folge leisten konnte, vernahm man ein ohrenbetäubendes Krachen, gefolgt vom Geräusch splitternden Holzes und im selben Moment schon warfen sich zwei Polizisten in schwarzen Kampfanzügen von hinten auf die beiden. Der eine packte Birgits messerbewehrten Arm und riss ihn von Gertis Hals weg. Während der Beamte mit Birgit rangelnd zu Boden ging, schnappt der andere sich Gerti und beförderte sie mit einer drehenden Bewegung aus Birgits Reichweite. Bei dieser Aktion hatte Gerti eine etwa zehn Zentimeter lange Schnittwunde am Hals abbekommen, die heftig brannte und stark blutete. Der Polizist, der Gerti von Birgit weggezogen hatte, griff sich ein Geschirrtrockentuch, das neben dem Küchenblock an einem Haken hing, und drückte es mit einer Hand fest auf Gertis Hals, während er mit der anderen Hand per Handy den Rettungsdienst alarmierte, um Gerti versorgen zu lassen. Der andere Polizist hatte inzwischen die tobende, wild um sich tretende, beißende und schlagende Birgit unter Kontrolle bekommen und Handschellen und Fußfesseln angelegt. Mit irrem Blick fixierte Birgit Gerti und schrie mit sich überschlagender Stimme: »Für dich habe ich das getan! Nur für dich, und das ist der Dank dafür?!«

»Was hast du für mich getan?«, Gerti stand vollkommen unter Schock.

»Na, das mit dem Erik, du Dumme!«, keifte Birgit, bevor sie verstummte und nach einer kurzen Fluchtirade von dem sie in festem Griff fixierenden Polizisten abgeführt wurde.

»Sie müssen das Haus durchsuchen! Da stimmt etwas nicht! Bitte!!« Gerti war vollkommen aufgelöst, schrie nun fast so hysterisch wie Birgit den Polizeibeamten an, der ihr nach wie vor das Tuch auf ihre Schnittwunde drückte, bevor ihr schwarz vor Augen wurde und sie das Bewusstsein verlor.

Als sie wieder zu sich kam, lag sie auf einer Trage, hatte eine Infusion gelegt bekommen und ein Arzt war damit beschäftigt, ihre Halswunde mit Klammerpflastern zu versorgen. Aus den Augenwinkeln sah sie, wie die Polizisten eine männliche Person mit nacktem Oberkörper, rechts und links untergehakt, die Kellertreppe hochschleppten und einem weiteren Notfall-Team übergaben. Es war Erik. Sein Oberkörper war über und über mit kleinen, runden Brandwunden übersät.

»So, mein Fräulein, Sie müssen uns jetzt ins Krankenhaus begleiten. Wir müssen uns davon überzeugen, dass es Ihrem Kind gut geht.« Gerti fühlte sich wie in Trance.

Der Arzt und ein Sanitäter schoben sie in den Krankentransportwagen, der vor dem Haus schon auf sie wartete.

ROMA IN AUTUNNO 2015 IV

Commissario Enrico Fabrese war überglücklich. Da war ihm doch tatsächlich der Engel, um den er den Himmel gebeten hatte, in Gestalt einer anonymen Tippgeberin erschienen und hatte ihn zu einem Haus in den verwinkelten Gassen Roms geführt, in dem alle drei ungeklärten Morde verübt worden waren. Und nicht nur das. Er ganz allein war danach in der Lage gewesen, ein international agierendes Rachenetzwerk zu enttarnen, welches über das Darknet kommuniziert hatte. Es hatte Festnahmen in mehreren Ländern, darunter auch in Deutschland gegeben und heute in aller Früh hatte sogar der Innenminister angerufen und ihm persönlich zu seinem Fahndungserfolg gratuliert. Daraufhin hatte er seinen geplanten Urlaub mit dem Segen seines Vorgesetzten um eine Woche verlängert und in der Toskana im Landhotel Le Cinciole angerufen, ob es denn möglich sei, dass er mit seiner Familie eine zusätzliche Woche anhängen könne. Zu seiner großen Freude war dies kein Problem, sodass er heute Abend seiner Frau mit einem großen Blumenstrauß die erfreuliche Nachricht überbringen würde. Auf das, was danach kommen sollte, freute er sich bereits jetzt, zündete sich zur Belohnung eine Zigarette an und schenkte sich aus einer sicher in den Tiefen seines Aktenschranks versteckten Flasche ein Glas Cognac ein. Ein besonderer Luxus, den er sich nur bei außergewöhnlichen Ermittlungserfolgen gönnte …

KAPITEL 5

ERLÖSUNG

ÜBER DAS WIEDERGUTWERDEN

WIE SICH LETZTLICH herausstellen sollte, hatte Gerti unwahrscheinliches Glück gehabt. Die Schnittwunde an ihrem Hals war nicht sehr tief und musste nicht einmal genäht werden. Die Erstversorgung mit Klammerpflastern genügte vollauf, ja sie würde nicht einmal eine nennenswerte Narbe zurückbehalten. Auch ihr Kind – mittlerweile war sie in der 30. Schwangerschaftswoche – hatte die ganze Aufregung unbeschadet überstanden. Allerdings wurde ihr nahegelegt, noch einen weiteren Tag zur Beobachtung in der Klinik zu verbringen. Da Gerti nach allem, was geschehen war, kein zusätzliches Risiko für ihre Schwangerschaft eingehen wollte, willigte sie also schweren Herzens ein und beschloss, es zumindest am nächsten Tag erst einmal langsam angehen zu lassen. Auf das Ausschlafen freute sie sich ganz besonders.

Vorher hatte sie allerdings noch einen Vernehmungstermin mit Kriminaloberkommissarin Schreiner, die sich zu diesem Zwecke eigens ins Krankenhaus bemüht hatte. Nachdem die Kommissarin ihr zunächst gründlich den Kopf gewaschen hatte – »Was haben sie sich denn dabei gedacht? Sind sie denn von allen guten Geistern verlassen? Wir könnten sie wegen Behinderung von Polizeiarbeit belangen!« – erfuhr Gerti schließlich, welchem Umstand sie Eriks und ihre Rettung zu verdanken hatte.

Nach einem anonymen Hinweis in Rom seien drei Frauen festgenommen worden, die gerade im Begriff waren, einen Mann zu Tode zu foltern. Gerti gab sich pflichtschuldig als die Urheberin des Hinweises zu erkennen, was die Kommissarin mit erneutem Kopfschütteln quittierte – »was? In Rom sind sie auch gewesen?« – ein Tadel, der jedoch deutlich versöhnlicher ausfiel, da man diesem Hinweis schließlich den Fahndungserfolg verdanke, was sie neidlos anerkennen müsse. Die Festgenommenen hätten noch am selben Tag gestanden, Teil eines internationalen Netzwerks zu sein, welches sich der Rache an Männern verschrieben habe, die Frauen gequält und vergewaltigt hätten und nicht zur Verantwortung gezogen werden konnten. Im Laufe der Vernehmung sei man auch auf den Fall des ermordeten jungen Deutschen, weswegen Gerti bei ihr im Kommissariat vorstellig geworden wäre, gestoßen und hätte schließlich eine Verbindung zu Birgit Eisner herstellen können. Da seit ein paar Tagen ein junger Polizeikollege in München spurlos verschwunden war und dieser zuletzt in Begleitung einer Frau, auf die die Beschreibung Birgit Eisners gepasst habe, gesehen worden sei, habe man Gefahr im Verzug vermutet und mit einem Sondereinsatzkommando das Haus ebenjener Frau stürmen lassen. Nun ja, den Rest der Geschichte kenne sie ja.

»Da ist noch etwas. Der entführte junge Polizist ist mein Exfreund, der Vater meines Kindes, und wahrscheinlich ist er deswegen auch in Birgits Visier geraten. Weil er wollte, dass ich mein Kind abtreiben lasse und darüber unsere Beziehung in die Brüche gegangen ist.«

»Das ist ja sehr interessant. Wie lange kennen Sie Birgit Eisner denn dann eigentlich schon?« Die Kommissarin war neugierig geworden und Gerti musste ihr nun die ganze Geschichte seit ihrem ersten Treffen am Kleinhessenloher See in allen Details erzählen.

»Und wie geht's Erik jetzt?«

»Na ja, er hat einen ordentlichen Schock davongetragen und befindet sich in psychologischer Betreuung. Die Brandwunden, die ihm Frau Eisner mit Zigaretten zugefügt hat, sind physisch unbedenklich. Es bleiben ihm zwar Narben, aber sonst hat er keine körperlichen Schäden davongetragen. Er verdankt Ihnen sein Leben.«

Das Treffen mit der Kommissarin ging damit versöhnlich zu Ende. Unter diesen Umständen verstünde sie, warum sich Gerti nicht gleich an die Polizei gewendet habe, da nun wirklich nicht ohne weiteres erkennbar gewesen sei, dass Birgit Eisner, die, wie die Kommissarin anmerkte, seit ihrer Festnahme konsequent Ines genannt werden wollte, in die Sache mit Bastian verwickelt war. Allerdings musste Gerti der Oberkommissarin hoch und heilig versprechen, Ermittlungsarbeiten künftig der Polizei zu überlassen.

Weniger erfreulich war das Gespräch mit Max, der, als er auf Gertis Wunsch vom Krankenhaus aus über ihren Verbleib informiert worden war, natürlich sofort an ihr Krankenbett geeilt war. Mit finsterer Miene hat er ihr heftigste Vorwürfe gemacht, ob ihrer Verantwortungslosigkeit, sowohl dem Kind in ihrem Leib, als auch ihm gegenüber, der sich doch um sie solche Sorgen mache. Es kostete Gerti ihren ganzen Charme und ihre in langjähriger Übung vervollkommnete Überredungskunst, nebst vieler heiliger Schwüre, sich künftig wie eine normale Schwangere zu benehmen, bis er endlich wieder versöhnt war. Danach allerdings schloss er sie fest in seine Arme.

»Was bin ich froh, dass ich dich wiederhabe und dir nicht mehr zugestoßen ist.«

Tags darauf wurde Gerti wieder nach Hause entlassen und gebärdete sich von Stund' an als vorbildliche Schwangere. Sie nahm jeden Vorsorgetermin – diese standen jetzt in zweiwöchigen Abständen an – äußerst penibel wahr und begann, sich nach und nach auf die Geburt ihres Kindes vorzubereiten.

Die Erstausstattung für das Baby musste gekauft werden und auch sonst stand noch so vieles an, woran gedacht und was organisiert werden wollte. Gott sei Dank hatte sie von Dr. Staudigl ein Büchlein »Der Schwangerschaftsratgeber« geschenkt bekommen, in dem viele wertvolle Tipps standen. Auch war das Zimmer in der WG für eine Mutter mit Kind eindeutig zu klein, hier musste ebenfalls eine Lösung gefunden werden.

Erfreulicherweise hatte Max, der nahezu zeitgleich mit Gerti sein Studium beendet hatte, eine Stelle in einem Buchverlag in Gertis Heimat gefunden, sodass sich Gertis Eltern erboten, ihnen einstweilen das Obergeschoss ihres Hauses als provisorische Wohnung zur Verfügung zu stellen, wenn sie beide es denn wollten. Dort standen drei Zimmer und ein Bad nach dem Auszug Gertis und ihres Bruders Andi weitgehend ungenutzt. »Dann müsste ich die Wiege wenigstens nicht nach München fahren«, war der einzige Kommentar von Gertis praktisch veranlagtem Vater zu diesem Vorschlag, den Gerti und Max dankbar annahmen.

So begannen sie also, nach und nach ihre Zelte in München abzubrechen. Ihrer beider Habe wurde von Gertis Vater in mehreren Fuhren mit einem Kleintransporter gen Neustadt transportiert. Schließlich mussten Gerti und Max sich von ihren Mitbewohnern in der WG verabschieden. Es war ein tränenreicher Abschied, aufgelockert nur durch die ergreifende Abschiedsrede von Franz, die wenigstens etwas Heiterkeit in die traurige Runde brachte. Man vereinbarte, in engst möglichem Kontakt zueinander zu bleiben.

Bevor sie nun endgültig nach Neustadt aufbrach, wollte sich Gerti noch nach Birgit Eisners weiterem Schicksal erkundigen. Von Oberkommissarin Schreiner erfuhr sie, dass Birgit zunächst in Untersuchungshaft genommen worden war. Dort habe sich aber rasch herausgestellt, dass sie unter einer schwerwiegenden psychischen Störung mit akustischen Halluzinationen litt, die dringend behandlungsbedürftig war. Mehrere psychiatrische Gutachter hatten unabhängig voneinander festgestellt, dass Frau Eisner schuldunfähig war, sodass man sie schließlich in die geschlossene Abteilung der forensischen Psychiatrie in München Haar überstellt hatte, wo unverzüglich mit der medikamentösen Behandlung begonnen worden war. Die Medikamente hätten gut angeschlagen, sodass man schließlich auch in der Lage war, den Mord an Bastian und seine Vorgeschichte, die Vergewaltigung von Birgits Lebensgefährtin Bea und deren Selbstmord zu rekonstruieren. Nein, besuchen könne sie sie jetzt noch nicht, das sei frühestens im nächsten Frühjahr möglich, der erreichte Therapieerfolg müsse sich erst noch konsolidieren und alles, was alte Wunden aufreiße, sei in der derzeitigen Situation kontraproduktiv. Allerdings habe sich Frau Eisner schon nach ihr, Frau Zimmermann, erkundigt. Sie hoffe, Gerti könne ihr irgendwann einmal verzeihen und es täte ihr unendlich leid, was geschehen sei.

Erik hatte sich von seinem unschönen Abenteuer mit Birgit leidlich erholt, nur Keller waren ihm seitdem suspekt. Gerti hatte ihn erst kürzlich besucht. Er floss über vor Dankbarkeit und hätte sie vom Fleck weg wieder genommen, wenn sie nicht schon wieder vergeben wäre. Doch er wolle dem Kind ein guter und ernsthafter Vater sein und sei sich seiner Pflichten durchaus bewusst, ja er habe sogar um eine Versetzung in die nördliche Oberpfalz gebeten, um seinem Kind nahe sein zu können und hoffe, dass sein Gesuch positiv beschieden werde, wenngleich die Chancen derzeit dafür nicht besonders gut stünden.

Gerti war ganz gerührt. Jetzt hatte sie plötzlich zwei Männer, die sich aufs Vatersein freuten und bald noch ein Kind dazu. Wenn ihr das vor einem Jahr einer gesagt hätte – für komplett durchgeknallt hätte sie den gehalten.

In Sachen weiterer beruflicher Karriere wollte sie zunächst die Geburt des Kindes abwarten, allerdings hatte sie ein vielversprechendes Angebot des Bayerischen Rundfunks erhalten. Sie suchten dort eine Mitarbeiterin, die als Polizeireporterin das Redaktionsteam Niederbayern/Oberpfalz verstärken sollte. Man würde ihr die Stelle für sechs Monate freihalten.

Ende November, in Gertis 37. Schwangerschaftswoche, sollte nun der endgültige Umzug stattfinden. Gertis Vater war eigens mit seinem Mitsubishi Outlander angereist, hatte letzte Habseligkeiten sowie die schwangere Gerti, die sich mit ihrem Riesenbauch – zumindest kam er ihr so vor – kaum mehr bewegen konnte, und Max eingeladen und hatte mit ihnen München nach Norden Richtung Oberpfalz verlassen. Es war ein trüber und grauer Tag und in der Luft lag jene beißende Kälte, die man in der Oberpfalz als »Schneerauen« bezeichnet und die auf baldigen Schneefall hinweisen sollte. Und tatsächlich hatte es, kaum, dass sie München hinter sich gelassen hatten, ganz leicht zu schneien begonnen. Als sie auf der Autobahn etwa in Höhe von Nabburg waren – übrigens eine sehr schöne, uralte Stadt, karolingische, vielleicht auch bajuwarische Gründung auf einem Felssporn hoch über der Naab – circa dreißig Kilometer von ihrer Heimatstadt Neustadt entfernt, spürte Gerti plötzlich einen leicht ziehenden Schmerz, gefolgt von einem gerade noch hörbaren Schnappen und bemerkte schließlich, dass sie in einer süßlich riechenden, warmen Pfütze saß, deren Flüssigkeit ihre Hosen durchtränkte und ihr die Beine hinunterlief.

»Ich glaube, meine Fruchtblase ist geplatzt.«

Mit einem ungläubigen Gesichtsausdruck starrte ihr Vater zunächst auf Gertis Bauch und dann auf den nassen Fleck, der sich auf dem Polster des Beifahrersitzes rechts und links von Gerti immer weiter ausbreitete.

»Schau bitte auf den Verkehr und fahr etwas schneller. Ich glaube, ich bekomme eine Wehe«, lenkt Gerti seine Aufmerksamkeit wieder auf die Straße zurück.

»Na, dann mal los!«

Mit allem, was der Motor hergab, prügelte Gertis Vater seinen Diesel über die A93, während Gerti auf dem Beifahrersitz alle fünf Minuten von Wehen heimgesucht wurde, deren Intensität ihr förmlich die Sinne raubten. Dass es so sein würde, hatte ihr keiner gesagt. Es war, als würde sich alles in ihr zunächst verkrampfen, dann wieder aufbäumen. Der Schmerz raubte ihr den Atem, ja fast den Verstand. Sie konnte nicht anders, sie musste laut stöhnen, während Max hinter ihr immer blasser wurde und in seinem Sitz förmlich zusammensank.

Endlich war die Ausfahrt Weiden Nord erreicht, jetzt noch fünf, vielleicht zehn Minuten zum Klinikum. Die Wehen kamen nun auch schon alle drei Minuten. Da, ein rotes Blitzen, »Scheiße, Radarkontrolle!«, dann rechter Hand das Klinikum. Jetzt noch den Knopf an der Kurzbesucherschranke an der Klinikumseinfahrt gedrückt, gewartet, bis die Schranke hochging und schon hielt Gertis Vater mit quietschenden Reifen vor dem Haupteingang des Krankenhauses, welches Gerti wie das gelobte Land erschien. Heraus gestürzt kam eine geistesgegenwärtige Schwester mit einem Rollstuhl – sie hatte das Ganze wohl von der Rezeption aus beobachtet – und schon ging es im Sauseschritt Richtung Frauenklinik und dort in den Kreißsaal, wo schon der Oberarzt wartete, der von der Pforte aus angerufen worden war.

»Na, da hat es jemand wohl ganz besonders eilig.«

»Nicht reden, sondern handeln!«, presste Gerti zwischen ihren Zähnen hervor und reichte dem Oberarzt, der über ihre Schlagfertigkeit lachen musste, ihren Mutterpass, den sie zwischen zwei Wehen gerade noch aus ihrem Rucksack hatte nesteln können. Es kam eine Hebamme herbeigeeilt, die sie unter ihre Fittiche nahm. Von Wehen regelrecht gebeutelt musste Gerti sich entkleiden, was nur dank der Mithilfe der Hebamme mit Mühen gelang und ein weißes, hinten offenes Klinikhemd anziehen. Dann durfte sie sich endlich auf das Kreißbett legen und der Oberarzt untersuchte sie: »Oh, der Muttermund ist schon 9 cm offen, das Kind wird gleich da sein!« Währenddessen war Max, der bisher kreidebleich danebengestanden hatte, still in sich zusammengesackt und mit einem Rumms auf dem Boden zu liegen gekommen. Schnell einen Assistenzarzt und eine Schwester geholt, die Max auf eine Liege außerhalb des Kreißsaals betteten, seine Beine hochlagerten und ihm, der allmählich wieder zu sich kam, Kreislauf stabilisierende Tropfen einflößten. Gerti, der man noch schnell den Herztonschreiber angelegt hatte, fühlte sich, als würde es sie innerlich zerreißen. Ein nie gekannter Schmerz durchbohrte ihren Bauch nach unten zur Scheide hin, sie wurde eins mit dem Schmerz, während sie aus der Ferne den Oberarzt »Pressen, pressen!« und die Hebamme »Jetzt hecheln«, sagen hörte. Dazu tuckerte das CTG die beruhigende Melodie der Herztöne ihres Kindes, während sich der Oberarzt gegen ihren Bauch lehnte und mit seinem rechten Unterarm von oben gegen ihre Gebärmutter drückte. Der Druck in ihrem Unterleib wurde unerträglich, Gerti meinte, es müsse ihr die Scheide und die Blase hinausreißen, ein lauter Schrei entrang sich ihren Lippen, während die Hebamme einen kleinen Dammschnitt vornahm, um ihrem Kind den Durchtritt zu erleichtern. Plötzlich war es still und Gerti wurde es leicht ums Herz. Der Schmerz, der unerträgliche Druck, war von ihr genommen, indes die Hebamme ihr kleines Mädchen, das noch über die pulsierende Nabelschnur mit ihr verbunden war, in ein warmes, weiches Tuch hob und den über und über mit Käseschmiere und Blut – ihrem, Gertis Blut – bedeckten Körper sanft abrubbelte. Das Mädchen, dessen Gesichtlein ganz zerknautscht war, öffnete ungläubig seine Augen, runzelte die Stirn, ballte seine kleinen Händchen zu Fäusten und begann, nachdem es kurz gequietscht und gehustet hatte, aus voller Kehle zu brüllen, während es Gerti auf die Brust gelegt wurde. Es war das schönste Geräusch, das Gerti je gehört hatte, das schönste zerknautschte Gesicht, das sie je gesehen hatte. Eine Woge von Glück und Dankbarkeit riss Gerti mit sich fort, während ihr die Tränen über die Wangen liefen.

»Emma, meine Emma!«, stammelte sie trunken vor Glück und ließ sich von dieser Woge mittragen, während sie ihrem Mädchen wieder und wieder über die noch verklebten braunen Haare strich.

EPILOG

VERGEBUNG

ES WAR EIN wunderschöner Frühlingstag, gerade so, wie man sich Frühlingstage vorstellt. Die warme Sonne schien mild von einem lichtblauen Himmel, die erwärmte Erde dampfte die letzten Reste der Winterkälte aus, die Luft war erfüllt von einer Mischung aus Erdgeruch und den Düften Abertausender von Blüten, die sich aus den Böden und den zum Bersten prallen Knospen der Sträucher, Büsche und Bäume geschoben hatten. In den Ästen begrüßte ein vielstimmiges Vogelkonzert den Frühling, mannigfaltige Insekten aller Größen und Arten waren erwacht und flogen brummend, sirrend und flatternd durch die Nahrung und Wärme verheißende Lüfte.

Auf einer Bank im weitläufigen Patientengarten der psychiatrischen Klinik saß eine etwa dreißigjährige, braunhaarige, zierliche Frau mit auffallend blauen Augen in der Sonne, neben ihr eine Frau mit kurzem brünetten Haar, die noch etwas jünger zu sein schien und neben sich einen Kinderwagen stehen hatte, in dem ein etwa vier bis fünf Monate altes Kleinkind friedlich schlummerte.

»Ich bin so froh, dass du mir verziehen hast, Gerti«, sagte die Ältere zur Jüngeren. »Aber die verdammten Stimmen haben mich zu allem getrieben. Ich hätte meine Tabletten nach dem Tod von Bea nicht absetzen dürfen.«

»Und jetzt hörst du die Stimmen nicht mehr?«

»Nein, und ich bin so glücklich darüber, dass ich dir gar nicht sagen kann, wie sehr. Und weißt du, was das Beste ist? Ich habe unter meinen Mitpatientinnen auch wieder eine feste Partnerin gefunden.«

Während sie das sagte, kletterte ein dicker, goldener Rosenkäfer, dessen Flügel im Licht grünlich schimmerten, auf ihrem Arm, auf dem er soeben laut brummend gelandet war, hoch in Richtung Zeigefinger, erklomm dessen Spitze und breitete dort angekommen seine Flügel aus. Torkelnd flog er in das Sonnenlicht, das sich zwischen zwei mächtigen, alten Rotbuchen in einem breiten, flirrenden Streifen auf die Bank mit den zwei Frauen ergoss, die sich aneinander gelehnt hatten und fest an den Händen hielten. Das Kind neben ihnen lächelte leise im Traum.

DANKSAGUNG

Ich danke Annette
für über dreißig Jahre Gemeinsamkeit und das Verständnis,
das sie meinen zeitaufwendigen schriftstellerischen Aktivitäten
entgegenbringt.
Ich danke meinen Freunden Max Rauch und Reiner Bäumler
für die inspirierenden Abende bei frischem Nordoberpfälzer
Zoiglbier, deren Anregungen auch Eingang in dieses Buch
gefunden haben.
Ich danke dem Team vom MAIN Verlag / Invicticon GmbH für
den Mut, dieses Buch in zweiter Auflage zu veröffentlichen.

Thomas Bäumler

Thomas Bäumler
Priester Neffe Tod

ISBN: 978-3-96937-058-2

Georg Hornberger, Prälat, geachteter Theologe und Ehrenbürger seines Nordoberpfälzer Heimatortes, wird brutal ermordet aufgefunden. Nicht nur die Polizei steht vor einem Rätsel. Die angehende Journalistin Gerti Zimmermann, die ein Volontariat bei der Heimatzeitung absolviert, beginnt im Auftrag ihres Vorgesetzten zu recherchieren. Im Zuge ihrer Nachforschungen, die sie bis zum Seekofel im Pragser Tal in Südtirol und nach Prag führen, entdeckt sie Familiengeheimnisse, deren Lüftung vielen Beteiligten ein Dorn im Auge zu sein scheint. Werden ihre Rechercheergebnisse Gehör finden? Ist die Redaktion der Zeitung bereit, die Wahrheit zu drucken?

Thomas Bäumler
Stiftlandsirtaki

ISBN: 978-3-96937-060-5

Rache und Gegenrache! Eine alte Blutfehde lebt auf, als ein Oberarzt tot aufgefunden wird. Ungewollt gerät Gerti Zimmermann, eine junge Journalistin und Kriminalkolumnistin, mitten in die Ereignisse, als sie das Mordopfer findet und identifiziert.
Die Ereignisse überschlagen sich, ein Totentanz gerät in Gang, an dessen Ende fünf Menschen ihr Leben verloren haben. Die Kriminalpolizei tappt im Dunkeln, lediglich Gerti erschließen sich durch verschiedene Indizien die Zusammenhänge dieses mörderischen Reigens.
Sie und ihr Ehemann werden schlussendlich so tief in die Ereignisse hineingezogen, dass ihnen kein anderer Ausweg mehr bleibt, als sich persönlich auf die Insel Kreta zu begeben.